BIBLIOTECA
**AUGUSTO
CURY**

GESTIÓN DE LA EMOCIÓN

AUGUSTO CURY

GESTIÓN DE LA EMOCIÓN

Coaching emocional para gestionar la ansiedad,
mejorar el desempeño y desarrollar la mente creativa

OCEANO

GESTIÓN DE LA EMOCIÓN
Coaching emocional para gestionar la ansiedad,
mejorar el desempeño y desarrollar la mente creativa

Título original: GESTÃO DA EMOÇÃO.
Técnicas de *coaching* emocional para gerenciar a ansiedade,
melhorar o desempenho pessoal e profissional e conquistar
uma mente livre e criativa

© 2015, 2022, Augusto Cury

Traducción: Pilar Obón

Diseño de portada: Departamento de Arte de Océano
Imagen de portada: Getty Images / DNY59
Fotografía del autor: © Instituto Academia de Inteligência

D. R. © 2022, Editorial Océano de México, S.A. de C.V.
Guillermo Barroso 17-5, Col. Industrial Las Armas
Tlalnepantla de Baz, 54080, Estado de México
info@oceano.com.mx

Primera edición en Océano: 2022

ISBN: 978-607-557-640-4

Impreso en México / Printed in Mexico

Antes de que falle una empresa, la mente
de sus ejecutivos entra en colapso.
Antes de que los profesionistas liberales sean excluidos
del mercado, su mente se vuelve rígida.
Antes de que el romance de las parejas se derrumbe,
sus emociones entran en decadencia.
Antes de que los jóvenes asfixien sus sueños,
se vuelven esclavos del consumismo y de sus traumas.
La gestión de la emoción es fundamental.
Esto está dirigido a ti.

DEDICO ESTE LIBRO A

———————————

Índice

Prólogo

En esta obra, voy a presentar, quizás, el primer programa mundial de gestión de la emoción. En una sociedad altamente competitiva y en constante cambio tecnológico como la nuestra, si usted no sabe gestionar su emoción, será casi imposible vivir sin accidentarse, estresarse y agotar el cerebro. Sobrevivir con competencia se vuelve un arte difícil. Si no se aprende a gestionar la mente en forma mínima, tener éxito en el campo profesional, social o afectivo, así como en la educación de los hijos y los alumnos, es una utopía. Sólo es eficiente quien aprende a ser líder de sí, aun cuando sea intuitivamente: tropezando, traumatizándose, levantándose, interiorizándose, reciclándose. Por eso, es necesario aprender las técnicas más modernas de gestión de la emoción de manera inteligente, a través de entrenamientos complejos y efectivos.

Siento que es preciso provocar un choque de lucidez, una profundización y un fundamento sobre el funcionamiento de la mente. Tengo millones de lectores en diversos países y, con humildad, me alegra saber que soy leído no sólo por médicos, psicólogos, sociólogos y educadores, sino también por personas interesadas en educar a su Yo para gestionar los pensamientos, proteger las emociones, desarrollar habilidades socioprofesionales; capacidades que dependen de entrenamientos educacionales sofisticados. Cuando hablo de gestión de la emoción, no me refiero al libro *Inteligencia emocional*, del psicólogo estadunidense Daniel Goleman, ni a sus estudios; me refiero, sin ninguna ostentación, a los estudios que emanan directamente de mi Teoría de la Inteligencia Multifocal, que desarrollé en 1984. Esta teoría engloba los fenómenos de la inteligencia emocional y va mucho más allá.

La gestión de la emoción es el cimiento de todos los tipos de *coaching*: desempeño profesional y personal (*life coaching*), gestión de personas, gestión de la carrera, inteligencia financiera, optimización del tiempo, construcción de relaciones.

Sin la gestión de la emoción, ninguno del resto de los entrenamientos tiene sustento. Sin liderar al más rebelde, fascinante e importante de los mundos, la emoción, no es posible construir una musculatura para el pensamiento estratégico, para el arte de negociar, la capacidad de reinventarse y ser proactivo. Sin gestionar la emoción, las habilidades para resolver conflictos en las empresas, en la sala de la casa y del salón de clases quedan asfixiadas.

La gestión de la emoción depende de la gestión del pensamiento. Son dos gestiones que complementan el gerenciamiento global de la mente humana o psique. La gestión de la mente depende directamente de la gestión de comportamientos que desgastan o desperdician la energía cerebral. Muchas personas son consumidoras responsables, compran productos de calidad, dentro de la fecha de caducidad y ajustándose al presupuesto, pero ¿son responsables tratándose del consumo emocional? Rara vez.

No pocos médicos, psicólogos, *coaches*, educadores, juristas, ejecutivos y tantos otros profesionistas pecan gravemente en lo que se refiere al respeto al consumo emocional responsable. Compran lo que no les pertenece, como conflictos, críticas, discusiones, calumnias, frustraciones. Su emoción es tierra de nadie. Son especialistas en estresar su cerebro, aumentar el índice de gasto de energía emocional inútil (GEEI). ¿Usted es un especialista en preservar su cerebro o en estresarlo?

Antes de que falle una empresa, la mente de sus ejecutivos entra en colapso. Antes de que los profesionistas liberales sean excluidos del mercado, su mente se vuelve rígida. Antes de que el romance de las parejas se derrumbe, sus emociones entran en decadencia. Del mismo modo, antes que las personas desarrollen enfermedades psicosomáticas, su psique y su cuerpo gritan pidiendo auxilio, pero no son escuchados. Y, antes de que fallen en la formación de hijos y alumnos, los padres y maestros actúan como meros manuales de reglas, y no como estimuladores del arte de pensar.

Muchos consumen productos emocionales que contaminan su placer de vivir, su equilibrio y su felicidad inteligente. Creo que usted, lector, quedará impactado al entender que ser feliz no necesariamente significa ser alegre. La felicidad inteligente es sostenible y profunda, muy diferente de aquella que busca la mayoría de las personas, y que es insostenible.

Sin gestión emocional, los inviernos psicosociales podrían ser prolongados e intensos, y las primaveras, cortas e inestables. El reto del Yo como gestor psíquico es prolongar las primaveras y minimizar los inviernos, que son inevitables en nuestra bella y compleja existencia.

Muchos aman el perfume de las flores, pero no tienen el coraje ni la habilidad para ensuciarse las manos cultivándolas. Las técnicas del más amplio y complejo de los *coachings*, el Programa de Gestión de la Emoción, nos capacitará para salir de la pasividad, para ensuciarnos las manos para arar el suelo de nuestra mente, y nos transformará en jardineros que cultivan una mente libre.

Mi Programa de Gestión de la Emoción está constituido por innumerables técnicas fundamentales para conquistar una mente libre y una emoción saludable, construir relaciones inteligentes y perfeccionar el desempeño profesional y las habilidades personales. Por lo tanto, las Técnicas de Gestión de la Emoción (TGE) aquí expuestas son esenciales no sólo para los profesionistas de las áreas más diversas, sino también para la salud psíquica de personas de todas las edades.

Desconocer las TGE es dejar la aeronave mental sin instrumentos de navegación, con un altísimo riesgo de accidente. ¿Su aeronave mental tiene timón? No se preocupe si su respuesta fue negativa. Hoy en día, lo normal es sufrir por anticipado, rumiar frustraciones y resentimientos, ser ansioso, irritable, impaciente, desprotegido emocionalmente y, por desgracia, lo anormal es ser líder de su propia psique.

Espero que este libro y las amplias técnicas que estudiaremos contribuyan para que, al final, usted forme parte del pequeño equipo de los "anormales". Conocer las Técnicas de Gestión de la Emoción requiere de una especie de gimnasia cerebral para abrir la mente y estudiar la última frontera de la ciencia: los fenómenos básicos que construyen los pensamientos y capacitan al Yo como director del *guion* de su propia historia. La vida es un gran teatro a cielo abierto, y jubilar al cerebro es dejar de actuar en el escenario, abstenerse de ejercitar la inteligencia socioemocional y ubicarse entre el público como espectador pasivo de sus desgracias.

Existen muchas naciones, como la nuestra, que tienen algunos líderes políticos y empresarios que están involucrados en la corrupción y, en consecuencia, manchan y contaminan la sociedad. Pero debemos creer en nuestro país, a pesar de esos líderes que tienen una necesidad neurótica de poder. Incluso porque, como máximo, 0.1 por ciento de las personas es infiel a su consciencia y se corrompe. La gran mayoría es honesta, ética y generosa. Tomando el ejemplo de Brasil, el mayor estrago que se hizo no fue que la megaempresa llamada Petrobras se haya visto involucrada en un escándalo, sino la destrucción de los sueños en el inconsciente colectivo, sobre todo de la nueva generación.

Tenemos que levantarnos y proclamar, dentro y fuera de nosotros: creo en mi país, voy a crecer en la crisis, voy a reinventarme para reescribir los capítulos más nobles de mi vida, de mi carrera, de mi empresa y de mi país en los días más dramáticos de mi existencia. Los que se corrompieron, si tuvieran el valor de mapear sus fantasmas mentales, podrían reciclar sus errores y dar lo mejor de sí para repararlos. Errar es humano; persistir en el error es inhumano.

No hace mucho tiempo, en una de mis conferencias, un joven me comentó que quería acabar con su vida y la de las personas corruptas, porque estaba tan desanimado y deprimido que ya no creía en Brasil. Yo le dije: "Si aprendes a gestionar la emoción, harás una diferencia en el teatro social. Nunca agredas a quien te agrede, jamás retroalimentes la violencia, pero entiende que nadie es digno del podio si no utiliza sus lágrimas, sus pérdidas y frustraciones para alcanzarlo. El país te necesita, a ti y a los millones de jóvenes que tienen una mente libre y una emoción saludable; los seres humanos que sientan pasión por la sociedad, y también por la humanidad".

Recuerdo que, después de otra conferencia en Estados Unidos, el asesor de uno de los grandes políticos de la actualidad me preguntó: "¿Por qué sigue viviendo en Brasil, ya que ha publicado en más de setenta países?". La respuesta, que parece tan difícil, es sencilla en realidad. Reitero: creo en mi país.

1

Coaching y psicoterapia: dos mundos tan próximos y tan distantes

Se puede dirigir una compañía con miles de empleados y, al mismo tiempo, ser incapaz de dirigir con la mínima madurez la más compleja de las empresas, la única que no puede fallar: la mente humana. Se puede ser multimillonario, emprender y saber ganar dinero como pocos y, aun así, mendigar el pan de la alegría y la tranquilidad. Hay muchos mendigos que viven en palacios.

Se puede ser un intelectual con artículos publicados en todo el mundo, pero no tolerar ser contrariado, vivir ansioso y frustrado, en fin, estar en la infancia de la gestión emocional. Se puede ser un médico, un psiquiatra o un psicólogo que ayuda a sus pacientes, y no saber filtrar los propios estímulos estresantes y hacer de la propia psique una tierra de nadie.

Educar al Yo para ejercer sus papeles vitales como líder de la psique; equipar y proteger la emoción para que sea saludable, profunda, estable, contemplativa; administrar los pensamientos para aquietar la ansiedad, y liberar la creatividad son algunos de los elementos que constituyen el más notable de todos los entrenamientos, el *coaching* emocional.

La gestión de la emoción es la base de todos los entrenamientos psíquicos: profesional, educacional e interpersonal. Ésta puede, incluso, contribuir mucho para mejorar el desempeño de los atletas. Como ya he comentado con deportistas de renombre mundial, el juego se gana primero en la mente.

Una persona rígida, impulsiva, tímida, fóbica, pesimista, ansiosa puede bloquear su desempeño más de lo que tiene consciencia. Como veremos, la emoción está no solamente en la base del registro de la memoria, sino también en la apertura o cierre de las ventanas de la memoria, impidiendo al Yo el acceso a millones de datos en una situación estresante, lo que compromete el raciocinio global.

Con eso se infiere, por ejemplo, que un estudiante aplicadísimo, que sabe de memoria la materia de un examen, puede no conseguir acceder a todo el cuerpo de información en un determinado periodo de tiempo en el que está tenso y, de ese modo, tener un pésimo rendimiento. Es primordial entrenar y proteger la emoción. Pero ¿quién sabe protegerla? ¿En qué escuela secundaria o universidad se educa a los alumnos para filtrar los estímulos estresantes y ahorrar los recursos del cerebro?

Existen muchas trampas en nuestra mente. Por ser víctima de ellas, la gran mayoría de los seres humanos se llevará sus conflictos a la tumba. Todos queremos cambiar las características enfermizas de nuestra personalidad, sin saber que son inmutables. Sin embargo, es posible reeditar las ventanas de la memoria o construir nuevas plataformas de ventanas saludables, a las que llamo "núcleos de habitación del Yo". Los secretos de la personalidad están guardados en la memoria. Por eso, una enfermedad degenerativa como el mal de Alzheimer causa una grave desorganización en la memoria y, en consecuencia, en la forma de ser de una persona, su manera de pensar, de reaccionar, de interpretar. Prevenir el Alzheimer no ocurre sólo irrigando el metabolismo cerebral, sino también estimulando el universo de la cognición: el rescate de datos de la memoria, el razonamiento, la creatividad, el pensamiento crítico. Desde el punto de vista cognitivo, las Técnicas de Gestión de la Emoción pueden ser fundamentales.

¿Cómo?

1) Provocando a la memoria a través de juegos como el ajedrez, las damas, las cartas; 2) estimulando la socialización a través de actividades físicas; 3) desarrollando el altruismo y participando en actividades filantrópicas como un agente actuante y no como un inversionista pasivo; 4) refinando el arte de contemplar lo bello; 5) realizando actividades lúdicas y placenteras que fomenten el sentido de la vida y la motivación de vivir, como reuniones, debates, escritura y pintura.

La televisión tiene su utilidad para entretener e informar, pero ponerse como un espectador pasivo por horas al hilo diariamente, como hacen millones de personas, es un modo eficiente para sepultar la memoria y el raciocinio, con serios riesgos cognitivos. Jubilar la mente, como veremos, compromete las finísimas tareas de acceder a la memoria y construir cadenas de pensamientos. Muchos jubilan su mente años o décadas antes de jubilarse del trabajo; desarrollan un raciocinio prejuicioso, así como una percepción, intuición creativa, imaginación y consciencia crítica limitadas y lentas.

Aunque el tiempo sea un verdugo del cuerpo, e inevitablemente lo debilite, bajo el enfoque de la gestión de la emoción hay un área en la que jamás deberíamos envejecer: el territorio de la emoción. Las TGE pueden estimularnos para ser eternamente jóvenes, nutriendo la curiosidad, la proactividad, la aventura, la motivación y los sueños.

Sin embargo, si no es irrigada o estimulada adecuadamente, la emoción puede envejecer con rapidez, desobedeciendo a la cronología. Es algo gravísimo que jóvenes de veinte años presenten síntomas de insolvencia emocional o de vejez intrapsíquica, como se observa hoy en día. Los síntomas más comunes de ese cuadro son la dificultad para tomar la iniciativa, para agradecer, para motivarse; la necesidad de reclamar, de querer todo rápido y listo, esto es, el inmediatismo en el alcance de las metas y la pérdida de placer que hay en el proceso para lograrlas. Hay jóvenes que tienen una edad cronológica de veinte años —conectados a celulares y *games*— y una edad emocional de ochenta, e individuos con un cuerpo de ochenta, pero con una edad emocional de veinte, extremadamente entusiasmados y dinámicos. ¿Cuál es su edad emocional?

A lo largo de más de treinta años, he estudiado y producido conocimiento sobre el proceso de construcción de pensamientos y de la formación de la consciencia existencial.

Para tener una idea de la complejidad de este proceso, usted, al leer un párrafo de esta obra, inconscientemente dispara un fenómeno llamado "gatillo de la memoria", que abre miles de ventanas o archivos para checar millones de datos y por fin entender cada pronombre, sustantivo y verbo inserto en cada frase. Ese proceso cognitivo es asombrosamente espectacular, aunque no lo percibamos.

Con base en ese sólido periodo de estudio y teorización, estoy convencido de la gravedad de jubilar la mente. Jubilar la mente es dejar poco a poco de estimularla, irrigarla, fomentarla, provocarla, y puede asfixiar la imaginación, la interpretación, la fluencia de las ideas, en fin, el razonamiento complejo.

Cuestiones fundamentales

Una pregunta crucial que todos deben hacerse: ¿dónde termina el *coaching* e inicia la psicoterapia, o viceversa? Como participante en el panel revisor que evalúa tesis de maestrías y doctorados en *coaching* en la Florida Christian University (FCU) o como conferencista sobre nuevas modalidades de *coaching* al lado de líderes mundiales en el área, he procurado dejar en claro a los alumnos que debe haber una división nítida entre el *coaching* y la psicoterapia.

Muchos profesionales no comprenden esa importante línea divisoria. La propia psicología y no pocos centros de *coaching* confunden la actuación volcada hacia la mejoría del desempeño personal y profesional con la actuación psicoterapéutica, y eso pone en riesgo a los clientes. Espero arrojar luz en esa área.

La gestión de la emoción promueve los más diversos tipos de entrenamiento, en especial, los orientados a las habilidades intelectuales, personales y profesionales, mientras que la psicoterapia trata con los conflictos que asfixian esas habilidades; la gestión de la emoción equipa al Yo para ser líder de sí mismo, en tanto que la psicoterapia trata de las trampas mentales que encarcelan ese liderazgo; la gestión de la emoción lleva al espectador a desempeñar con eficiencia sus papeles en el teatro social y empresarial, y la psicoterapia abre los grilletes que atan al espectador a la audiencia; la gestión de la emoción estimula al individuo a construir ventanas *light* (saludables) en la corteza cerebral, mientras que la psicoterapia lo conduce a reeditar las ventanas *killer* (conflictivas).

Las herramientas inteligentes de la gestión de la emoción pueden prevenir trastornos mentales y sociales; las herramientas inteligentes de la psicoterapia, independientemente de la teoría utilizada, actúan sobre los trastornos mentales ya instalados. El *coach* (entrenador o técnico) no debe, por lo tanto, actuar como psicoterapeuta, pues ésa es tarea de los profesionales de la salud mental, como los psiquiatras y psicólogos clínicos, aunque el psicoterapeuta pueda, si está preparado, actuar como *coach* y trabajar todas las importantísimas Técnicas de Gestión de la Emoción expuestas en esta obra.

Las enfermedades mentales —como depresión, anorexia, bulimia, síndrome de pánico, psicosis— y las enfermedades psicosomáticas deben ser tratadas por especialistas. Algunas técnicas de *coaching* pueden aliviar trastornos mentales más simples, como la depresión leve, ciertas fobias y bloqueos. Ante ese éxito, los practicantes de esas técnicas se engañan, creyendo que están preparados para actuar sobre las enfermedades de la mente. No saben u olvidan que también los placebos (sustancias no psicoactivas o "mentiras químicas") alivian algunas enfermedades emocionales sólo por el hecho de que los pacientes sienten que están siendo tratados, acogidos, amparados.

Como psiquiatra y psicoterapeuta, he atendido a más de veinte mil pacientes. Sé que tratar las enfermedades exige un máximo de seriedad y preparación debido a los riesgos de agravamiento, a las consecuencias emocionales, las secuelas sociales y profesionales.

Para darnos una idea de la seriedad del tema, al tratar a los pacientes depresivos con agitación mental e insomnio, incluso los psiquiatras y psicólogos clínicos expertos pueden llevarlos a correr graves riesgos de vida si no se dan cuenta, por ejemplo, del potencial suicida que tales pacientes eventualmente presentan, o si no entienden que, en forma paralela a las técnicas psicoterapéuticas, los pacientes tienen que ser medicados para bajar los niveles de ansiedad y mejorar el desempeño del sueño, pues una mente ansiosa tiene un bajo umbral para la frustración y su resiliencia está debilitada.

Así, es fundamental conocer y respetar con ética e inteligencia los límites entre el *coaching* y la psicoterapia. La gran línea divisoria es la presencia de síntomas psíquicos y psicosomáticos, como humor depresivo, ansiedad intensa, insomnio, ataques de pánico, fobia social, rituales obsesivos, confusión mental, anorexia, dolores de cabeza, gastritis, hipertensión de fondo emocional.

Un maridaje perfecto

La psicoterapia y el *coaching* se unen en el Programa de Gestión de la Emoción para producir un maridaje perfecto para contribuir al desempeño socioemocional. Ambos profesionales, el psicoterapeuta y el *coach,* podrían actuar juntos en casos específicos. Sin embargo, entre promover habilidades y tratar enfermedades mentales, hay más misterios de lo que nuestra conflictiva ciencia imagina, aunque en diversos casos las dos áreas se sobrepongan en el psiquismo. Ambos profesionales deberían conocer claramente sus papeles, apropiarse de las técnicas más notables y adoptar un comportamiento ético para referirse a los pacientes entre sí cuando sea necesario.

Lamentablemente, ni la psicoterapia ni el *coaching* son profesiones reguladas en Brasil, lo que dificulta el proceso de aprendizaje, el entrenamiento y la formación. De cualquier forma, considero que quien ejerce el *coaching*, en especial, la gestión de la emoción, debería tener una sólida formación académica, de preferencia en las áreas de las ciencias humanas, como la psicología, la filosofía, la sociología, pero no necesariamente. Conozco ingenieros y administradores competentes que fueron entrenados de manera sistemática y se convirtieron en notables entrenadores.

El *coach* tiene que saber que no es sólo un entrenador, sino también un eterno aprendiz. Quien no se recicla constantemente se vuelve estéril. La autosuficiencia es un cáncer para la continuidad del crecimiento. Sería deseable que los psicólogos se convirtieran en buenos *coaches*, aunque muchas facultades de psicología todavía estén "en pañales" en cuanto a promover especialistas en esa área creciente.

No es por no actuar en el ámbito de la psicoterapia que el *coaching* tiene un trabajo reducido, empequeñecido, diminuto. Al contrario: si consideramos el Programa de Gestión de la Emoción, la actuación del *coaching* es extensa, riquísima y promisoria para expandir al *Homo sapiens* en al menos quince áreas fabulosas:

1. Eficiencia socioprofesional.
2. Reciclaje de falsas creencias.
3. Descaracterización de paradigmas limitantes.
4. Ruptura con la cárcel del conformismo.
5. Capacidad de reinventarse en las crisis.
6. Promoción del razonamiento complejo y del pensamiento estratégico.
7. Liderazgo y gestión de personas.
8. Expansión del potencial creativo.
9. Habilidad de pensar antes de reaccionar.
10. Empatía.
11. Carisma.
12. Relaciones saludables.
13. Formación de pensadores.

14. Fomento de la resiliencia.

15. Prevención de trastornos psíquicos.

El Programa de Gestión de la Emoción incluso puede y debe equipar al Yo para ser un consumidor emocional responsable, un inversionista serio en la calidad de vida. Entre el entrenador y el cliente deben existir complicidad, estrecha confiabilidad, transparencia mutua. No hay un entrenamiento quirúrgico, rapidísimo, milagroso, aunque ciertas habilidades simples, como expresar ideas en público, puedan ser incorporadas por el Yo con mayor facilidad.

Según veremos más adelante, uno de los motivos que impiden el resultado rápido, tanto de la psicoterapia como del *coaching*, es la imposibilidad de borrar la memoria, eliminar los archivos enfermizos o las ventanas *killer*, que contienen conflictos, fobias, impulsividad, autocastigo, culpa. No hay héroes ni dictadores que manden o no manden en la memoria. Todos somos pequeños aprendices.

Si pudiera, ¿a quién borraría?

La única posibilidad de eliminar la memoria es a través de una lesión física o de procesos mecánicos, como un tumor cerebral, una enfermedad degenerativa, un traumatismo craneano, un accidente vascular. Es decir, el Yo nunca extingue los traumas; sin embargo, tiene la capacidad magistral de reeditar las ventanas traumáticas o construir plataformas de ventanas saludables (*light*) y, en consecuencia, transformar las características enfermizas de la personalidad. No se asuste: hablaremos sobre esos temas en el momento oportuno.

Si fuera posible borrar de su memoria a las personas que lo hirieron o frustraron, ¿a quién eliminaría? ¿A quién borraría de su memoria?

Si tuviera ese peligroso y poderoso poder, usted borraría hoy mismo a las personas más distantes que lo lastimaron. Y mañana, lastimado por su esposa, marido, hijos o amigos, podría borrarlos también. En ese caso, ellos simplemente dejarían de existir para usted, que pasaría a vivir en una amnesia fatal. Y, en el futuro, decepcionado consigo mismo, su Yo podría autocastigarse a tal punto que borraría los archivos que estructuran su propia personalidad, eliminando los millones de datos que sustentan su capacidad de elección y su consciencia crítica. Usted tendría una deficiencia mental gravísima y volvería a ser un bebé en el cuerpo de un adulto.

Ante esta exposición, ¿le gustaría tener la libertad de borrar su memoria? Al estar basada en el funcionamiento de la mente y en los papeles conscientes e inconscientes de la memoria, la gestión de la emoción invita a los seres humanos a no reclamar si su Yo no tuviera herramientas para eliminar los fantasmas del pasado. Es mucho mejor aprender a domesticarlos que borrarlos. Es mejor que la memoria quede protegida contra los impulsos inmaduros y peligrosos del Yo, y que aprenda a utilizar la lenta, pero fundamental, herramienta de la reedición de las ventanas *killer* o de la construcción de nuevos núcleos *light*. Nuestro cerebro, tan frágil, agradece la sensatez de la gestión de la emoción.

Las Técnicas de Gestión de la Emoción: una introducción

Ahora que finalizamos el primer capítulo, es importante dar una explicación. Cada capítulo de este libro contiene Técnicas de Gestión de la Emoción. A lo largo de esta obra, presentaremos cada una de ellas de manera sistemática, desarrollándola, en el capítulo inmediatamente posterior a la presentación, de manera más didáctica y completa.

Con frecuencia, las Técnicas de Gestión de la Emoción no son simples; al contrario, son complejas y extensas. Por ello, se llaman Megatécnicas de Gestión de la Emoción (Mega TGE). Una Mega TGE representa un conjunto de técnicas de gestión que deben ser aplicadas como un todo para tener plena eficacia. Recuerde que la emoción es el más bello e inhóspito de los planetas; explorarlo, dominarlo y usar sus recursos de manera inteligente es nuestro reto mayor, y una tarea en la que casi todos fallamos miserablemente.

Algunas de las Técnicas de Gestión de la Emoción que presentaré dependerán del contenido de los capítulos posteriores para ser comprendidas plenamente. Aunque las técnicas puedan producir un raro placer, un nutriente inigualable para el desarrollo de las complejas habilidades de la inteligencia socioemocional, exigen valor e inteligencia para mapear de forma continua nuestros fantasmas men-

tales, como enfoque y disciplina para domesticarlos y usar-
los como aliados.

Muchos preservan sus conflictos, incluyendo traumas
y falsas creencias, durante toda su historia, porque nunca
se atrevieron a entrar en las capas más profundas de su
mente. La necesidad neurótica de ser perfecto nos impide reírnos de nuestras tonterías, de nuestra estupidez, de
nuestras fobias y manías, lo cual asfixia nuestra capacidad
de reciclar la basura mental que adquirimos a lo largo de la
vida. Somos excelentes para acumular desechos en nuestra
mente. ¿Usted recicla sus conflictos, deconstruye sus resentimientos, suaviza sus pérdidas?

2
Mega TGE: reeditar y reconstruir la memoria: reciclaje de la basura psíquica

TGE 1. Reeditar ventanas traumáticas o reconstruir ventanas saludables

No intente borrar sus miedos, sus celos, su resentimiento, su timidez, su pesimismo o su humor deprimido; sólo logrará reforzar lo que más detesta y hará que el fenómeno del Registro Automático de la Memoria (RAM) sedimente las ventanas traumáticas o *killer*.

El *Homo sapiens* no tiene forma de anular los archivos de su memoria mediante la voluntad consciente. Pero sí puede y debe reeditar las ventanas *killer* percibiendo nuevas experiencias en los focos de tensión, es decir, cuando ellas están abiertas, fomentando la claustrofobia, la fobia social, la impulsividad, la ansiedad, la timidez o los celos.

El papel principal del ser humano es dirigir el *script* de su historia, y eso no incluye eliminar el pasado, sino reeditarlo en el presente. Con cada crisis, se renueva la esperanza; con cada frustración, se introducen nuevas ideas; con cada lágrima, se irriga la sabiduría. Sólo se cambia la historia escribiendo otra, y no anulando la anterior.

Reciclar la basura de la memoria (pensamientos perturbadores, humor depresivo, timidez e inseguridad) en el momento exacto en que aparece es una actitud inteligentísima para quien quiera gestionar la emoción. Es sorprendente observar cuán intolerante es el ser humano con la basura física y cuán tolerante con la basura psíquica; no soporta alimentos echados a perder en la cocina, papeles u otros objetos dispersos por la sala o la oficina, pero soporta la basura que acumula en el territorio de la emoción.

Además de reeditar la memoria, es importante construir ventanas *light* alrededor del núcleo traumático. Cuando la ventana *killer* no está abierta, esto es, si está fuera de una crisis de pánico, de un episodio fóbico, sin sentimientos de culpa ni humor depresivo, el Yo actúa discutiendo y debatiendo con sus fantasmas mentales, criticando y cuestionando sus bases, en fin, dando un golpe de lucidez. De ese modo, se convierte en un ingeniero de ventanas *light* alrededor del núcleo traumático. Cuando entramos en ese núcleo enfermizo o *killer*, cuando construimos en sus fronteras archivos saludables, el Yo retoma fácilmente su papel de autor de su historia y gestor de su emoción.

Esta poderosa herramienta es prácticamente desconocida en el mundo. Se llama "mesa redonda del Yo". Un Yo que no hace una mesa redonda no tiene un autodiálogo con los actores que controlan su mente y, por lo tanto, jamás sabrá dirigirla. Todas las facultades, no sólo las de psicología, sociología o pedagogía, así como las escuelas de enseñanza básica y media, deberían enseñar la herramienta de la mesa redonda del Yo a sus alumnos. Por no estudiarla, la humanidad está enfermando rápidamente en el territorio de la emoción. Discutiremos mejor ese punto cuando estudiemos los papeles de la memoria como fundamento de la gestión psíquica.

Hacer la mesa redonda del Yo y/o reeditar las ventanas *killer* en el silencio de nuestra mente son técnicas vitales para ser líderes de nosotros mismos. Son fundamentales en la psicoterapia, tanto para el tratamiento de trastornos emocionales como para su prevención. Cultivan los jardines de la memoria y reciclan la basura mental.

¿Usted transforma su basura emocional en abono? ¿Ha sido un jardinero de ventanas saludables en los suelos de su memoria?

TGE 2. No borre de su historia a las personas que lo frustraron: baile con ellas el vals de la vida con la mente relajada

Trate de eliminar sus desafectos. Esa actitud heroica sólo hará que ellos duerman con usted, se instalen en su almohada y perturben su sueño. Hay personas que se pasan toda la vida intentando barrer de la memoria la violencia que sufrieron, los enemigos que las perturbaron, sin ninguna eficacia. ¿Y por qué no lo logran? Porque mientras más lo intentan, más los cristalizan. Debido a que no conocen los papeles de la memoria, se vuelven pésimos gestores de su mente, héroes frágiles, incapaces de reciclar la basura mental que acumulan.

En la relación con nuestros seres cercanos, con frecuencia tenemos la necesidad neurótica de cambiarlos. ¿Quién nunca intentó cambiar a alguien testarudo, complicado o radical? Casi todos lo hemos intentado, y nos frustramos. Al entender los mecanismos mentales y las técnicas de gestión de la mente, comprendemos que la cuenta emocional es más "barata" si convivimos con las personas difíciles sin el compromiso ansioso de transformarlas.

Los sentimientos de odio, rabia, celos, envidia, exclusión y venganza convierten en gigantes los desafectos en nuestra mente, pues estimulan al fenómeno RAM a archivarlos como ventanas *killer*, contaminando, en vez de remodelar, el paisaje de la memoria. Herir a quien nos hirió es una manera de perpetuar la violencia y engrandecer a quien no lo merece. Una mente libre no es la que se libera de las personas que la lastiman, sino una mente que no gravita en la órbita de ellas, una que sigue una trayectoria propia. ¿Usted tiene una órbita propia?

Como ya comenté, la memoria humana es inviolable. A no ser que haya una lesión física, como un tumor cerebral o un traumatismo craneano, no es posible invadir la mente de alguien y cambiarla. Sin embargo, sí es posible contribuir a que esa persona se recicle, pero eso dependerá de otras Técnicas de Gestión de la Emoción a ser estudiadas.

Si conviviera con miles de animales, tal vez nunca sufriría siquiera una frustración; pero si convive con un único ser humano, tarde o temprano aparecerán las frustraciones.

Las decepciones más profundas están ligadas a las personas que más amamos, aquellas a las cuales nos damos y de quien esperamos un reconocimiento, pero que, muchas veces, nos responden de manera inversa, con calumnias, rechazo, crítica injusta y traición. Si quiere sobrevivir en el teatro social, no intente —insisto, no intente— borrar a esas personas, pues ellas continuarán vivas en los bastidores de su mente, y de manera privilegiada.

¡No se aísle! ¡No se enclaustre! ¡No se quede conectado a la televisión! ¡Dialogue, participe, intercambie experiencias, sea un ingeniero de ventanas *light* en su memoria, no jubile su mente! A pesar de que la convivencia con las personas puede ser una fuente de estrés, nada anima tanto a la emoción e irriga tanto la cognición como la socialización. Es mejor perturbarse con el estrés causado por los demás que con los fantasmas que construimos en el aislamiento social. Aquéllos nos decepcionan, éstos nos encarcelan. Muchos millonarios empobrecen y muchas celebridades pierden su brillo porque no viven, ni siquiera como mínimo, esa Técnica de Gestión de la Emoción.

Usted ya debe haber escuchado que detrás de una persona que hiere, siempre hay una persona herida. Nadie hace infelices a los demás si no es infeliz. Y, aunque pensemos que los demás programan su comportamiento hiriente, no estamos obligados a consumir emocionalmente lo que no nos pertenece.

Sepa que usted tampoco es perfecto. Por más ético, transparente y humilde que sea, usted también frustra a sus seres cercanos sin darse cuenta. Por más amable que sea, tampoco corresponde a todas las expectativas que ellos tienen sobre usted. Convivir en sociedad exige gestión de la emoción; la gestión de la emoción exige el arte de la tolerancia, y el arte de la tolerancia exige abrazar más y juzgar menos, y no la compulsión de borrar de la memoria a quien nos decepciona.

La salud emocional nos invita a bailar, con la mente relajada, el vals social. Así irrigamos los jardines de la memoria, remodelamos el paisaje deteriorado y reciclamos la basura que se acumula en él. Siempre recuerde: las personas radicales son las más infelices y ansiosas del teatro social.

3
La envidia saboteadora y la envidia espejo en la formación de la personalidad

L a especie humana se distingue de millones de otras especies por la capacidad de pensar, de tener consciencia existencial y de registrar su historia. El impulso de registrar nuestras experiencias es incontrolable, sea en un cuadro, una escultura, un papiro, un papel y, sobre todo, en la mente de la próxima generación, es decir, en nuestros hijos y alumnos. La educación es la mejor forma de perpetuar y perfeccionar la historia. La educación es el pensamiento vivo, efervescente y pulsante que renueva el presente, corrige el rumbo y nos pone en el camino del futuro.

El teatro de la educación determina que los dos actores principales —educador y educando— cultiven el proceso de observación, comunicación, dedicación, deleite de aprender y entrenamiento continuo. El aprendiz es seducido por la madurez, por la experiencia y por la cultura del educador, mientras que éste es cautivado por la curiosidad, el deseo de explorar y la sed de conocimiento del aprendiz. Sin embargo, esas características son raras en la educación actual.

Conocimientos simples, como manejar computadoras, dirigir máquinas, exigen comunicación clara y práctica constante, pero no compleja. Pero dirigir la mente humana exige procesos mucho más complejos y complicados. En el campo emocional, las características simples de la personalidad, como ira, rechazo, impulsividad, eliminación, negación son aprendidas con extrema rapidez. Requieren la formación de archivos mentales sin gran sofisticación. No necesitan que el Yo sea gestor de la emoción, trabaje las pérdidas, se interiorice, cultive la introspección y las reflexiones profundas.

La ira, el odio, los gritos, los conflictos, la venganza son atajos mentales del Yo. Reflejan su actuación superficial a través de la ley del menor esfuerzo. Cada vez que usted ofende, rechaza, es impulsivo o reacciona rápido y sin pensar, está tomando un atajo mental, en vez de abrir múltiples ventanas saludables y, así, elaborar un razonamiento altruista, tolerante, paciente.

Por otro lado, las características complejas de la personalidad, como ponerse en el lugar del otro, pensar antes de reaccionar, ser proactivo, generoso, reinventarse en tiempos de crisis, exigen consciencia crítica, reflexiones profundas, entrenamientos inteligentes, procesos sofisticados de aprendizaje del Yo. Dependen de la ley del mayor esfuerzo, de la apertura de múltiples ventanas *light* o archivos saludables para desarrollar un raciocinio complejo. Por ejemplo, si usted es humillado en público, su Yo podrá aplicar la ley del menor esfuerzo. Entrará en el centro de algunas ventanas *killer*, cuyo volumen de tensión cerrará miles de otras ventanas, bloqueando la capacidad de elaborar un razonamiento inteligente para superar ese foco de tensión. Como el banco de datos de su corteza cerebral es en gran parte inaccesible, usted desarrollará atajos mentales. Podrá agredir a quien le agredió, dejarse llevar por la ira, la ansiedad y el sentimiento de venganza, o se agredirá a sí mismo, se sentirá disminuido, humillado.

Sin embargo, si aplica la ley del mayor esfuerzo, tendrá mucha mayor oportunidad de gestionar su emoción. Aunque, en la fase inicial de proceso de humillación pública, el circuito de la memoria se cierre, su Yo dejará de ser una víctima pasiva y confrontará sus pensamientos perturbadores y sus emociones depresivas. Su Yo no comprará lo que no le pertenece; usará el caos como oportunidad creativa, pensará antes de reaccionar e incluso podrá proclamar que los mejores días están por venir.

La gestión de la emoción capacita al ser humano para no ser víctima de sus desgracias, y sí autor de su propia historia, aunque el mundo se derrumbe sobre él. Quien entrena a sus clientes en la magna gestión de la emoción, no crea nada, sólo pule la escultura que está oculta en la madera carcomida. El *coach* no construye algo inexistente, simplemente modela a la obra de arte que ya existe en la arcilla sin forma de sus alumnos. El éxito profesional, personal y afectivo le pertenece siempre a quien se entrena; los laureles le pertenecen al aprendiz, no al maestro.

Las dos grandes envidias en la historia de la humanidad

La gestión de la emoción busca mitigar, minimizar o incluso eliminar la "envidia saboteadora" y expandir y fomentar la "envidia espejo". La envidia espejo se define como aquello que una persona no tiene, pero le gustaría tener, y aquel que desea cree en que tiene la capacidad para conquistarlo, y se refleja, como en un espejo, en quien ya logró la conquista para estimular su propio potencial. La envidia saboteadora se define como aquello que alguien no tiene, pero ambiciona tener, y aquel que desea cree que no tiene la capacidad de conquistar lo que desea, así que procura sabotear a quien ya lo conquistó. La envidia espejo promueve el desarrollo de las familias, de las empresas, de las ciudades, del país; la envidia saboteadora, al contrario, destruye naciones, corporaciones, sociedades.

Por lo tanto, la envidia espejo es saludable y fundamental en el proceso de aprendizaje. Lleva a un ser humano, sea hijo, alumno, profesionista, a encantarse con el éxito del otro, a tomarlo como modelo, a observar sus batallas para vencer en sus propios combates, a analizar los mecanismos de superación de esa persona para vencer los propios conflictos y ejecutar sus propias metas y sueños. La envidia espejo se nutre con la admiración que los hijos sienten por sus padres, los discípulos por sus maestros, los colaboradores por los ejecutivos, los lectores por los escritores.

Y, por el contrario, la envidia saboteadora es depredadora, destructiva y asfixiante, y lleva a un ser humano a tener asco, rabia y celos del éxito del otro. Esta envidia libera los fantasmas que están en los rincones del inconsciente; expande el complejo de inferioridad, los resentimientos, las frustraciones y el sentimiento de incapacidad; conduce a su portador a ser predador de la persona envidiada, llevándolo de alguna forma a sabotearla, herirla, rechazarla o calumniarla.

En el escenario político, la envidia saboteadora es una verdadera epidemia; por eso, es en extremo raro que los opositores aplaudan los aciertos en alguna situación. Por eso, en mi opinión, más de 90 por ciento de los políticos de todos los países son indignos del poder que detentan. El poder los infecta, los empequeñece y los contamina con mecanismos de sabotaje. Sin embargo, antes de sabotear sutil o declaradamente a la persona envidiada, quien está infectado con la envidia saboteadora se autosabotea, se autocastiga, asfixia su propio desempeño.

No espere que los demócratas aplaudan a los republicanos, o viceversa, en la política estadunidense; tampoco espere que los judíos alaben a los palestinos, o que los palestinos exalten las actitudes de la política judía; en términos más amplios, no espere que personas de religiones distintas se inclinen unas ante las otras. Y jamás espere cordialidad en el mundo académico, esto es, un orientador que dé plena libertad a su estudiante de doctorado y lo anime a criticar sus orientaciones, a atreverse a volar solo en su investigación.

Con frecuencia, la envidia saboteadora ocurre entre semejantes, personas cercanas o del mismo nivel socioeconómico e intelectual. Hay investigaciones que demuestran que la envidia saboteadora es más penetrante y está más diseminada que la envidia espejo. Una de esas investigaciones es en particular preocupante: cuando se les preguntó a profesionistas estadunidenses si preferían ganar cincuenta mil dólares al año mientras que sus colegas ganaran menos que ellos, o bien ganar doscientos mil dólares al año mientras sus colegas ganaran mucho más que ellos, respondieron que optarían por la primera situación para no tener el sinsabor de verse superados por sus colegas.

La envidia saboteadora distorsiona la interpretación de la realidad, compromete la racionalidad, contamina la generosidad. Algunos críticos del cine, el teatro y la literatura se sienten, muchas veces de manera inconsciente, como cineastas, actores o escritores frustrados, lo cual los lleva a gravitar en la órbita de ventanas *killer* que, como dije anteriormente, cierran el circuito de la memoria, infectándolos con la envidia saboteadora, volviéndolos incapaces de hacer un juicio crítico exento de distorsiones y no tendencioso. Así, son hirientes en sus palabras, no las utilizan para animar a quienes critican, sino para disminuirlos y desanimarlos; disecan las ideas no para debatir las deficiencias y apuntar caminos, sino para empequeñecer a los criticados. Son apóstoles de la crítica por la crítica.

Si estudiáramos la última frontera de la ciencia, el mundo donde nacen los pensamientos, nos convenceremos de que la verdad es un fin inalcanzable, de que el pensamiento, incluyendo los mejores discursos críticos, no incorpora jamás la realidad del objeto pensado. Por lo tanto, toda crítica está manchada por la mirada de crítico (quién soy, cómo estoy y dónde estoy). Pasa a ser vista como verdad, desalentando al criticado; es intelectualmente estéril y destructiva.

Promotores de la envidia saboteadora

Muchos ejecutivos, por no inspirar a sus colaboradores, se vuelven ineficientes para producir la envidia espejo, dejan de ser ejemplos a seguir y se convierten en expertos en promover la envidia saboteadora entre sus pares o liderados. Son pésimos gestores de la emoción. Los presidentes y directores de grandes corporaciones que carecen de la mínima habilidad de *coaching* emocional son especialistas en destruir sus empresas a mediano y largo plazo. Intentando instigar a sus equipos de gerentes (operacionales, comerciales, de tecnología de la información), exaltan de más a los más capaces y, de forma subliminal o incluso directa, disminuyen públicamente a los menos eficientes, provocando un desastre en el inconsciente colectivo, produciendo plataformas de ventanas *killer* que fomentan la envidia saboteadora y asfixian la envidia espejo.

Humillar, disminuir y señalar públicamente las fallas de colaboradores, hijos, alumnos, cónyuges generan traumas inolvidables. Estudiaremos algunos fenómenos inconscientes que ocurren en los bastidores de la mente humana, pero resalto previamente que, en cinco segundos, usted no es capaz de hacer un discurso, elaborar un proyecto, hacer un viaje, pero sí es capaz de formar ventanas *killer* que pueden destruir una vida. Quien estudia la gestión de la emoción sabe que en cinco segundos se puede cambiar una historia, para bien o para mal. Nuestra especie siempre fue ingenua por no estudiar los mecanismos mentales que la convierten en *sapiens*.

Los padres que no aprenden las lecciones básicas de la gestión de la emoción se vuelven especialistas en sabotear a sus hijos al criticarlos excesivamente. Algunos cometen un crimen educacional al comparar a los hijos entre sí, lanzando a uno en contra del otro, promoviendo con fuerza la envidia saboteadora, alentándolos a la competencia inhumana.

Del mismo modo, los maestros, al usar estrategias equivalentes (señalando el error de los alumnos y castigándolos delante de la clase), cometen graves ataques al psiquismo de sus estudiantes. Son promotores del *anticoaching* emocional, que produce núcleos traumáticos que aprisionan el Yo de sus alumnos. Los maestros deben tener la libertad de poner límites y llamar la atención a los estudiantes, pero no pueden olvidar que, para resolver conflictos en el salón de clases, se debe abrir el circuito de la memoria, exaltando a quien se equivoca antes de exponer el error, una poderosa técnica de la gestión de la emoción.

La gestión de la emoción no sólo promueve el desempeño de las habilidades socioprofesionales, sino que también actúa como reguladora de la envidia saboteadora y promotora de la envidia espejo. En esta era digital en que vivimos, el gran problema es el vacío profundo de modelos en las empresas, en la universidad, en la sociedad y en la familia.

Se admiran en exceso los *smartphones,* los *games,* el internet, las redes sociales, pero no se admira a personas concretas. ¿Dónde están los modelos?

4
Mega TGE: desarmar las trampas mentales para construir relaciones sociales saludables

TGE 1. Pensar antes de reaccionar

Nadie puede ser un gran estratega, capaz de elaborar proyectos que se sustenten a mediano y largo plazo, si reacciona por instinto, impulsivamente, si vive aprisionado por las trampas mentales. Las personas que reaccionan así no están preparadas para dirigir una empresa o una institución, mucho menos su propia vida. Pero pueden reinventarse si aprenden a gestionar su emoción.

Deberíamos entrenar todos los días la habilidad de pensar en las consecuencias de nuestros comportamientos. Aprender a deponer las armas durante los focos de tensión y frustración, a no ser esclavo de la dictadura de la respuesta inmediata y, sobre todo, a darse el derecho de pensar antes de reaccionar son habilidades vitales para abrir las cárceles mentales, construir respuestas brillantes y edificar relaciones saludables. Gran parte de los seres humanos tropieza con ese obstáculo, incluyendo a intelectuales y líderes mundiales.

Leyendo un reportaje sobre la carrera presidencial estadunidense de 2016, me di cuenta de que un candidato que esperaba ser nominado por el Partido Republicano, Jeb Bush, tropezó dramáticamente en la TGE que estamos discutiendo. Un periodista le preguntó: "Si supiera lo que sabemos hoy, ¿autorizaría la invasión de Irak?". Fue George W. Bush, el hermano de Jeb, quien patrocinó la invasión y provocó un desastre internacional donde miles de vidas fueron segadas. Jeb, que fue un eficiente gobernador de Florida, no monitoreó su emoción en ese momento y rápidamente respondió que "sí". Y, tenso, para defender su impulsividad, agregó que su oponente, Hillary Clinton, haría lo mismo.

Aunque estuviera convencido de su respuesta, Jeb no debería haberse sometido a la dictadura de la respuesta, y en su lugar haber dicho: "Tomar la decisión de invadir una nación y provocar una guerra tiene altísimos costos existenciales y emocionales, sin hablar de los costos financieros. No puedo darle una respuesta a esa pregunta en pocos segundos". Al creer, equivocadamente, que la lentitud en responder no forma parte de las características esperadas de un gran líder, muchos no piensan antes de reaccionar y cometen crasos errores. Tomados por sorpresa, a veces dicen incluso lo opuesto a lo que creen. Jeb Bush corrigió su respuesta después, pero el daño a su imagen ya estaba hecho.

Usted no está obligado a responder rápidamente a sus hijos, su pareja, sus amigos, sus compañeros de trabajo. Es mejor pasar por lento que decir tonterías o tomar actitudes impensadas. Ser instintivo depende de la carga genética, no exige transpiración ni entrenamiento; de por sí, controlar el instinto animal, superar la dictadura de la respuesta, interiorizarse y pensar antes de reaccionar son funciones complejas, no cognitivas, que deben ser entrenadas con frecuencia a lo largo de la vida. Si se realiza con esa disciplina, esta TGE construye una plataforma de ventanas saludables que promueven la inteligencia socioemocional.

Bajo el ángulo de la gestión de la emoción, el fuerte no es quien muestra fuerza física, sino fortaleza intelectual; no es quien grita, sino quien expone sus ideas de manera suave; no es quien presiona para subyugar a los demás, sino quien usa el diálogo para influenciar a las personas y les da el derecho de criticar. La fuerza produce aduladores, la inteligencia produce amigos; el poder cultiva siervos, pero sólo el diálogo produce mentes libres. ¿Qué ha cultivado usted?

TGE 2. No reaccionar por el fenómeno de acción-reacción

No sólo las drogas envician, los comportamientos también. Nada vicia tanto el circuito de la memoria como reaccionar rápidamente, causar fricciones, discutir, sobrevalorar las pequeñeces, ser intolerante a las frustraciones. Esos comportamientos conducen al fenómeno RAM a depositar escombros en la memoria, esto es, archivar ventanas *killer* que forman núcleos traumáticos que secuestran el Yo. La autonomía, en ese caso, queda atrapada.

La personalidad no es estática, como muchos creen, incluyendo a algunos psicólogos, sino dinámica; sufre transformaciones a partir de las matrices de la memoria o de los núcleos de ventanas *killer* o *light* que se instalan a lo largo de la vida. Esos núcleos serán accedidos y constituirán el proceso de interpretación, el *modus operandi* de ser, reaccionar, pensar, sentir.

Las personas bellas emocionalmente pueden sufrir una disminución en su umbral para las frustraciones y volverse intolerantes e irritables si no aprenden a proteger su emoción. Las personas tranquilas pueden transformarse poco a poco en ansiosas e impacientes si forman núcleos traumáticos en su memoria. Las personas optimistas pueden volverse pesimistas, mórbidas, especialistas en reclamar si no aprenden a filtrar los estímulos estresantes. Quien no gestiona su emoción asfixia las mejores y más saludables características de su personalidad. Lo mejor siempre está por venir y el Yo cumple la función de gerente de la mente.

Cuando los hijos son bebés, los padres tienen paciencia con sus errores, se ríen cuando ellos se ensucian la cara; sin embargo, cuando los hijos crecen, muchos padres se vuelven intransigentes, no soportan las contrariedades, paralizan la ligereza de la vida, se convierten en un manual de reglas y críticas en vez de ser un manual de vida, inteligencia y superación del dolor. Se envician en señalar las fallas de sus hijos en vez de señalar caminos. ¿Está usted enviciado en señalar las fallas o estimula a sus hijos a pensar?

Es paradójico que millones de padres conversen mucho con sus hijos cuando éstos todavía no saben hablar y exalten cada palabra que ellos aprenden, aunque estén fonéticamente equivocadas, pero cuando los hijos crecen y aprenden a conversar, frecuentemente les adviertan: "¡Estate quieto, niño!". Cuando los hijos necesitan dialogar, los padres callan lo esencial. No les preguntan sobre sus pesadillas, sus crisis, sus dificultades ni cómo pueden contribuir para que sean más felices. A su vez, los educadores, por no aprender a gestionar su propia emoción, se vuelven especialistas en regañar, en formar mentes opacas y no libres.

La mala comunicación es la mayor fuente de destrucción de los más bellos romances. Muchas parejas comienzan la relación en el cielo del afecto y la terminan en el infierno de los reproches. Al comienzo del romance, son tolerantes, educados, gentiles; algunos hombres hasta le abren a su compañera la puerta del auto. Sin embargo, con el paso del tiempo, se convierten en expertos en criticar, corregir, valorar lo irrelevante, sienten la necesidad de cambiar al otro, tienen ataques de celos. Cuando se dan cuenta, están enviciados, no logran dejar de discutir uno con el otro. ¿Usted nutre su romance o lo asfixia?

TGE 3. Exaltar a la persona que se equivoca antes de exaltar su error

Hay un conjunto de ventanas o archivos en los suelos del inconsciente que nutren desde las respuestas inteligentes hasta las reacciones violentas. Ventanas que se abren y se cierran a una velocidad espantosa. Freud, Jung, Adler, Piaget, Fromm, Skinner, Pávlov fueron pensadores brillantes; si hubieran tenido la oportunidad de estudiar la Teoría de las Ventanas de la Memoria, podrían haber elucidado todavía más los comportamientos humanos y expandido sus teorías.

Cuando se le señala un error a alguien, se dispara en esa persona un fenómeno inconsciente, el gatillo de la memoria, que abre una ventana *killer*. En ese caso, el ser humano deja de ser *Homo sapiens*, un ser pensante, y se transforma en un *Homo bios*, instintivo, un animal herido listo para huir, atacar o automutilarse. Es sorprendente observar que los adolescentes de hoy se están mutilando físicamente, cortándose, cuando están muy estresados.

Para no provocar al instinto o a la fiera que hay dentro de las personas, debemos cambiar la política educativa, pasar de la era del señalamiento de errores a la era de la exaltación de quien se equivoca, para, sólo en un segundo momento, exponer su falla. Esta Técnica de Gestión de la Emoción podría haber evitado guerras y miles de homicidios y suicidios. Entrenar el autocontrol para nunca exaltar el error de un hijo, alumno, compañero de trabajo, cónyuge es, en primer lugar, vital para proteger la emoción y abrir el circuito de la memoria de quien se equivocó y, en consecuencia, fomentar la reflexión, la consciencia crítica.

Es probable que, en todo el mundo, más de 80 por ciento de las correcciones que los padres hacen a sus hijos, los maestros a sus alumnos, las parejas entre sí, los ejecutivos a sus colaboradores, los empeoren en vez de inducirlos a ajustar el rumbo. Cuando usted llama la atención a una persona, ¿la empeora o la mejora?

El ser humano se puede volver un depredador peor que la más violenta de las fieras. Las personas tranquilas pueden tener momentos de agresividad. Las personas generosas pueden tener ataques de egocentrismo. Las personas lúcidas pueden tener reacciones estúpidas en algunos momentos. Gestionar la emoción hace toda la diferencia para apaciguar nuestros instintos y suavizar todo tipo de violencia. No debemos despreciar a la fiera que vive dentro de nosotros, sino gestionar la emoción para domesticarla y transformarla en una mascota.

Exaltar, aunque sea en forma mínima, a quien dio un tropiezo diciéndole: "Eres inteligente", "Yo apuesto por ti", "Creo en tu potencial", parece algo simple, pero causa una revolución en la corteza cerebral de esa persona, libera el Yo del Circuito Cerrado de la Memoria, refina el arte de pensar y oxigena el raciocinio. Después de abrir el circuito de la memoria —es decir, en un segundo momento—, se puede hablar, con firmeza y generosidad, de la falla, de la crisis, de la actitud ineficaz que inducirán a la persona hacia la interiorización, la reflexión y la elaboración de experiencias.

¿Usted libera a las personas o las aprisiona? ¿Provoca a la fiera que está dentro de ellas o la calma? ¿Domestica su instinto o lo instiga?

5

Funciones cognitivas y socioemocionales: la educación que transforma a la humanidad

Los cerebros complejos necesitan entrenamiento sofisticado

Los cerebros menos sofisticados, como los de los felinos, deben ser entrenados para observar, emboscar, tener una explosión muscular, asfixiar a la presa. Sin tales aprendizajes, esos animales no sobreviven. Ellos aprenden esas técnicas como máximo en los primeros dos años de existencia. A los siete años, un felino está en el apogeo de su madurez; otras especies, en el apogeo de la vejez.

¿Y por qué un ser humano de siete años está tan poco preparado para la vida? Porque un cerebro sofisticado como el nuestro exige sofisticados procesos de aprendizaje para desarrollar habilidades tanto cognitivas como no cognitivas.

Las habilidades cognitivas, como el lenguaje, la capacidad de inferencia, la deducción y la síntesis, el pensamiento lógico, el raciocinio esquemático, la concentración y la curiosidad, dependen no sólo de la carga genética, sino también de aprendizajes constantes y notables que deben ser incentivados por los padres/tutores y maestros. Los jóvenes mal entrenados pueden presentar limitaciones intelectuales durante toda la vida y, en consecuencia, estar en una desventaja competitiva en el campo profesional y social. Por ejemplo, pueden tener la falsa creencia de que no logran aprender matemáticas, o que no saben lidiar con el dinero, analizar datos, desarrollar metas.

Si el entrenamiento y la educación son fundamentales para el desarrollo de las habilidades cognitivas, imagine qué tan importantes serán para el refinamiento y la expansión de las sofisticadísimas habilidades no cognitivas o socioemocionales, como pensar antes de reaccionar, ponerse en el lugar del otro, expresar sentimientos, exponer en vez de imponer sus ideas, proteger la emoción, gestionar la ansiedad, filtrar los estímulos estresantes, trabajar las pérdidas y frustraciones, ser resiliente, tener coherencia, osadía, autoestima, autoimagen, determinación, autonomía, en fin, ser autor de su propia historia. Los padres tímidos e hiperpreocupados por lo que los demás piensan y dicen, si no estimulan lo suficiente a sus hijos, pueden estrechar la capacidad de los chicos de explorar, atreverse y debatir ideas.

Quien no desarrolla las habilidades no cognitivas o socioemocionales puede tener más desventajas competitivas que quien no desarrolla habilidades cognitivas, pues las sociedades modernas son altamente exigentes, estresantes, cambiantes. Puede también tener más dificultad para prevenir trastornos emocionales, construir relaciones saludables, reinventarse, soportar las contrariedades, liberar la creatividad, liderar personas, en fin, gestionar su propia mente.

La educación de hijos y alumnos debería estar cargada de Técnicas de Gestión de la Emoción, para enriquecerlos tanto de habilidades cognitivas como no cognitivas. Los padres y maestros que sólo son manuales de reglas, transmisores de datos y señaladores de fallas están aptos para lidiar con máquinas, pero no para formar pensadores dotados de una mente libre y una emoción saludable.

Preocupado por los hijos de la humanidad y el futuro de nuestra especie ante las flagrantes fallas educativas de las familias y de las escuelas clásicas en lo que toca al desarrollo de las habilidades no cognitivas, concebí, a lo largo de muchos años, dos programas para niños y jóvenes: el programa Escuela de la Inteligencia y la Escuela Menthes.

Se nos llenan los ojos de lágrimas al ver los resultados. Niños de siete años que les dicen a sus padres: "Papá, perdiste el autocontrol" o "No estás pensando antes de reaccionar".

¿Por qué los alumnos aprenden mejor las funciones cognitivas, como concentración, asimilación, pensamiento lógico, comunicación, capacidad de organizar las ideas, cuando les enseñamos las habilidades no cognitivas? Porque, al expandir la autoestima, la autonomía y la resiliencia, se abren las ventanas de la memoria y el Yo razona mejor y de manera más atrevida. Las funciones emocionales alimentan con combustible a las funciones intelectuales.

Ante esa exposición, me gustaría enfatizar mi sólida convicción de que la regla de oro de la gestión de la emoción puede resumirse de la siguiente forma: sólo somos verdaderamente felices y saludables cuando protegemos nuestra mente e invertimos en la felicidad y el bienestar de los demás. La regla de oro de la gestión de la emoción es, en realidad, una megatécnica de *coaching* emocional con siete herramientas, que comentaré en el próximo capítulo.

La gestión de la emoción requiere de dosis elevadas de ambición saludable para materializar los grandes proyectos sociales. No basta con tener buenas intenciones. El infierno emocional está saturado de personas bienintencionadas, pero incapaces de adoptar actitudes para cambiar el mundo o, por lo menos, su mundo. La ambición de contribuir con los demás es bellísima y debe ser incentivada; la ambición de controlar y estar por encima de los demás es enfermiza y debe ser desalentada. Todo ser humano, sobre todo la nueva generación, debería ambicionar el pensar como humanidad, y no sólo como grupo social, político, religioso, académico. Deberíamos dar lo mejor de nosotros para aliviar de alguna forma el dolor y lograr que la familia humana sea más saludable, generosa, altruista, tranquila, inteligente y unida.

Si pensara como especie humana, y no como grupos aislados que controlan, en todos los continentes, a las empresas, las escuelas, las universidades y las religiones, nuestra especie daría un salto evolutivo y no volvería a ser la misma. Las prisiones se convertirían en museos, los policías se dedicarían a escribir poesías, los generales se arriesgarían en las artes plásticas, los psiquiatras tendrían tiempo para tocar instrumentos. Pero eso todavía es una utopía. Sin embargo, si todos aprendiéramos a gestionar el más complejo, hermoso y rebelde de los mundos, esa utopía dejaría de serlo y poco a poco se materializaría.

¿Dónde están los ambiciosos dispuestos a vivir ese sueño? ¿Usted permitiría que ese sueño penetrara en las entrañas de su imaginación? El egoísmo, el egocentrismo y el individualismo, tan comunes en estos días, son grandes ejemplos de un ser humano fragmentado, víctima de sus fantasmas mentales, atormentado por la necesidad neurótica de que el mundo gravite en torno a su órbita, que no aprendió a dar los primeros pasos en la gestión de la emoción.

El libro del Génesis: un accidente grave

Las religiones pueden ser fuente de altruismo, libertad y resiliencia, pero también se pueden convertir en fuente de enfermedades mentales, sobre todo si existe una envidia saboteadora, un radicalismo, un fundamentalismo y una falta de respeto por los que piensan diferente, lo que significa, en otras palabras, la falta de una mínima gestión de la emoción.

Aunque hoy en día el *coaching* haya sido sistematizado y perfeccionado como programa educativo, el entrenamiento socioemocional siempre ocurrió en la historia. Veamos una de las fascinantes metáforas del libro del Génesis, valorado por las tres grandes religiones monoteístas, el judaísmo, el cristianismo y el islam: la historia de Caín y Abel. Usted puede ser un ateo o un antirreligioso, pero si abre el abanico de su mente, percibirá las sorprendentes implicaciones de ese texto del famosísimo libro.

La historia de los dos hermanos, anunciada por el pueblo judío, es vista con simplismo y superficialidad religiosa, pero si judíos como Albert Einstein, Albert Sabin, Sigmund Freud, entre otros innumerables intelectuales, lo analizaran bajo la luz de la gestión de la emoción, quedarían impresionados con el vampirismo emocional fomentado por un entrenamiento educativo desastroso. Los padres de Caín y Abel fueron ineficientes en enseñarles las funciones socioemocionales, o no cognitivas, más importantes. Tal vez les hayan enseñado comportamientos éticos, pero fallaron drásticamente en promover entre los hermanos la empatía, la capacidad de proteger la emoción y la colaboración. Por desgracia, casi todos los padres de todas las culturas cometen los mismos errores.

Cada vez que los padres, los maestros y los ejecutivos fallan en estimular a sus liderados a ponerse en el lugar del otro y a filtrar los estímulos estresantes, corren el riesgo de formar depredadores individualistas y egocéntricos, en vez de personas generosas y colaborativas. Como veremos, la madre de Adolf Hitler, Klara Hitler, era gentil, pero ser gentil es completamente insuficiente para formar en un hijo la inteligencia socioemocional, la capacidad de preocuparse por el dolor ajeno, de ser altruista, solidario, tolerante. Padres dóciles, espiritualizados, cultos o incluso bienintencionados pueden sobreproteger a sus hijos y facilitar, sin darse cuenta, la producción de plataformas de ventanas *killer* en la memoria de ellos, propiciando el autoritarismo, la insensibilidad y la agresividad.

Muy probablemente, los padres de Caín y Abel no fueron

eficientes en fomentar el diálogo entre ellos, en refinar el placer de dar, en suavizar la envidia saboteadora y promover la envidia espejo. No tuvieron éxito en llevarlos a tener placer por el éxito del otro. Y, si no tenemos ese placer, podemos sabotear a quien consigue subir al podio.

Lo extraño es que ellos fallaron en una época en que había tiempo para dedicarse a la educación de los hijos, un escenario tan diferente del de nuestros días, en que somos cazadores de tiempo. Los padres de esos dos jóvenes, lamentablemente, como millones de padres, actuaron como manuales de reglas y de ética, pero no como manuales de vida. Si hubieran sido manuales de experiencias, les habrían preguntado con frecuencia: "Hijos, ¿qué pesadillas les perturban?", "¿Qué fantasmas les atormentan?", "¿Qué miedos los controlan?", "¿Qué angustias les roban la paz?".

Pero ¿dónde están los padres que hacen tales preguntas a sus hijos? Si los padres de Caín y Abel hubieran hecho esas simples preguntas, que forman parte del Programa de Gestión de la Emoción, quizás hubieran percibido la crisis de Caín desde su origen y evitado un asesinato. Los fantasmas de Caín permanecieron intocables: peor aún, ganaron estatura día y noche. El amor y el placer de colaborar con su hermano se disolvían en el sol de sus conflictos. Su Yo no dirigía su emoción, ni siquiera en forma mínima. Cuando no se gobierna la emoción, se es gobernado por los conflictos instalados en ella. El éxito del hermano asfixió la capacidad de pensar de Caín.

El éxito de Abel no produjo envidia espejo en Caín, que no se inspiró en él, no lo tomó como modelo a seguir; al contrario, nutrió la envidia saboteadora, produciendo ira, indignación, autocastigo y un penetrante sentimiento de autoexclusión. Toda persona que alimenta la envidia saboteadora, sea un terrorista, un compañero de trabajo, un cónyuge o un hermano, está mal resuelto emocionalmente, se siente excluido, disminuido, aunque sea sólo por sí mismo. Cuanto más excluido se sentía Caín, más retroalimentaba el fenómeno RAM las ventanas traumáticas en su memoria, formando núcleos traumáticos que, al fin, no sólo perturbaban su Yo, sino que lo secuestraban.

Cierta vez, dando una conferencia sobre el tema de uno de mis libros (*Ansiedad: cómo enfrentar el mal del siglo*) para una audiencia de mil personas, entre ellas, algunas de las mayores fortunas de Brasil, escandalicé a todos diciendo que no sólo las personas ricas corren el riesgo de ser secuestradas, sino también quienes no tienen recursos financieros. ¿Cómo? Pueden ser secuestradas en el territorio de la emoción por los núcleos traumáticos que se forman clandestinamente en su interior. Hay muchas personas que nunca fueron capturadas por criminales, pero cuyo Yo es prisionero en el único lugar donde es inadmisible ser un recluso: la emoción.

El secuestro del Yo impide que el individuo piense en otras posibilidades, llevándolo a reaccionar por instinto, como un animal. El animal que está dentro del ser humano, si es provocado día y noche, se convierte en un depredador más voraz que los peores depredadores. Por eso, las personas tranquilas pueden tener reacciones explosivas, llegando a tal nivel de estrés que no soportan ser mínimamente contrariadas. Las personas lúcidas pueden volverse estúpidas en los focos de tensión. Las personas religiosas pueden ser golpeadas por el fantasma del egocentrismo. Tener autoconsciencia, penetrar en las capas más profundas de la mente y mapear los vampiros emocionales son virtudes fundamentales para usar las herramientas para domesticarlos.

Educar al Yo con la gestión de la emoción

Educar nuestros instintos para que no se sometan a la dictadura del fenómeno acción-reacción o golpe-contragolpe, y aprender a pensar sistemáticamente antes de reaccionar en cualquier circunstancia es una técnica excelente de gestión emocional, que promueve nuestra humanidad y minimiza nuestra animosidad. Para ser efectiva, la TGE de la capacidad de pensar antes de reaccionar, que acabamos de ver, debe ser entrenada diariamente. Todas las personas impulsivas e intensamente ansiosas tienen un Yo con niveles bajísimos de esa TGE y por eso hieren a quienes más aman, aunque muchas se arrepientan momentos después.

La envidia saboteadora controló a Caín de tal forma que él ya no filtraba los estímulos estresantes; quizá, todo en su hermano le incomodaba: su modo de ser, sus palabras, sus actitudes, detonaban en Caín el fenómeno del gatillo de la memoria, que abría ventanas *killer* que, a su vez, generaban más aversión por Abel, poniendo a Caín en una mazmorra. Siempre que alguien tiene aversión por una persona, una escuela, una empresa, está preso en una mazmorra, aunque tenga motivos reales para ese rechazo.

La aversión de Caín por el hermano cobró volumen y produjo odio; el odio se expandió y produjo la sed de venganza; la sed de venganza se desarrolló y generó el deseo de sabotaje; el deseo de sabotaje llegó a las últimas consecuencias: el pensamiento homicida. ¿Cuánto tiempo duró ese proceso? Meses, tal vez años. Y la educación de los padres falló en al menos tres aspectos: no promovieron la cooperación, la generosidad y el afecto entre sus hijos; no les enseñaron a no reaccionar instintivamente ni a colocarse en lugar del otro y pensar antes de reaccionar, y, lo más grave, no se dieron cuenta del cambio en el comportamiento de los hijos, en especial, el hecho de que uno de ellos estaba enfermo, en el camino de la autodestrucción.

Por su lado, no es posible pensar que Abel era inocente de todos los errores en relación con su hermano. En psicología, no hay nadie que esté 100 por ciento en lo cierto o 100 por ciento equivocado. Abel también falló en no percibir el conflicto de Caín y el hecho de que su comportamiento lo perturbaba. Falló en no intentar suavizar la ira de Caín, se equivocó al no abrazarlo, apoyarlo y decirle que lo admiraba.

Simples palabras y pequeñas actitudes pueden evitar grandes desastres emocionales en las familias, las empresas, las escuelas, las relaciones internacionales. Las guerras, los asesinatos, los suicidios y las disputas irracionales podrían ser desarmados o abortados con las Técnicas de Gestión de la Emoción, capaces de fomentar la promoción del otro, la valoración de quien falla más que de su error, el rescate de la autoestima, el reconocimiento de los errores, las peticiones de disculpa, la capacidad de poner el hombro para que el otro llore. La gestión de la emoción es fundamental para la salud no sólo del individuo, sino también de las empresas, los países, la humanidad.

Una nación no entra en crisis súbitamente; una empresa no entra en colapso de la noche a la mañana; una relación afectiva no se destruye de pronto. Largos procesos se instalan hasta que promueven la insolvencia, pero muchos seres humanos son lentos en prevenirlos, parecen zombis emocionales y sólo ven lo que es tangible. Quien está preparado para corregir errores, y no para prevenirlos, tiene una gestión débil de la emoción. La gestión emocional objetiva aguza la percepción de un líder para distinguir lo que las imágenes aún no han revelado y los sonidos no han declarado.

Por el lado de Caín, era más fácil, inteligente, humano, domesticar sus fantasmas emocionales que matar a su hermano. Pero, antes de matarlo, su Yo ya había asesinado su capacidad de pensar. Toda persona violenta ya se violentó primero. Como hubo una secuencia de fallas, de los padres, de Abel y del propio Caín, un personaje inesperado surgió en el escenario para dar un golpe de lucidez en aquel ambiente psicótico: el Autor de la existencia.

La sorpresa: el Autor de la existencia exalta en el Génesis la gestión de la emoción

El libro del Génesis está cargado de simbolismos, metáforas y golpes elevados de complejidad. En el texto que estamos analizando, el Autor de la existencia, a pesar de respetar el derecho fundamental del hombre de decidir sus propios caminos, se involucró en el proceso y practicó una notable técnica de gestión de la emoción, una técnica incluso terapéutica. Se le apareció a Caín y, sorprendentemente, no le dio un sermón, no señaló sus fallas ni lo castigó; en cambio, le dio una excelente herramienta para tener autocontrol: "Caín, tu deseo está contra ti, le toca a tu Yo dominarlo".

Ese misterioso Autor de la existencia quiso decir, en otras palabras, que existe una responsabilidad vital que todo ser humano debe tener, y que nadie puede asumir por él, ni sus padres, maestros, líderes, religiosos, psiquiatras, *coaches*, ni siquiera Él, Dios. ¿Qué responsabilidad es ésa? El papel del Yo de gestionar la emoción, impugnar los pensamientos perturbadores, reciclar los deseos enfermizos, proteger la psique. Millones de ateos, budistas, islamitas, cristianos enferman, aunque muchos sean personas notables, porque no desarrollaron los papeles del Yo como gestor de la mente. El Yo, que representa la autodeterminación, su libre albedrío y su capacidad de elección, es frágil, pasivo, tímido, un mero espectador de sus desgracias.

Para horror de las religiones y de las ciencias humanas, el libro del Génesis, respetado por más de tres mil millones de personas de innumerables religiones, revela que el Autor de la existencia no era religioso, supersticioso, un ser alienado por las miserias humanas, sino un ser que apreciaba las más altas herramientas de la gestión de emoción. Es una gran lástima que las religiones omitan estudiar esos textos bajo un enfoque psiquiátrico, psicológico y sociológico.

Según el Génesis, Dios exaltó el Yo de Caín al alentarlo para que saliera de su inercia y domesticara a sus fantasmas emocionales, para gestionar su mente. Dependía de la libre decisión o de la capacidad de elección de Caín, y el Autor de la existencia no le pidió que espiritualizara el proceso, se arrodillara y fuera supersticioso, sino que provocó a su Yo a que actuara sobre su psiquismo, a ser líder de sí mismo. Lamentablemente, Caín despreció esa técnica de gestión emocional que podría haber resuelto sus fantasmas mentales. Si todos los días hubiera confrontado, criticado, impugnado sus deseos y sus ideas perturbadoras en el silencio de su mente, seguramente habría logrado ser autor de su historia y jamás habría asesinado a su hermano.

Podemos concluir que los mayores enemigos no están fuera del ser humano, sino dentro de él; cada uno de nosotros los crea y los nutre. Y también, que no existe el libre albedrío si el Yo está enfermo, si es estéril, inerte, en fin, si no ejerce su capacidad de ser líder de sí mismo. He tratado con líderes religiosos de las más diversas religiones occidentales y orientales, vi a personas maravillosas viviendo en mazmorras porque asfixiaron su Yo. Es una pena que ellas confundan el Yo con el ego enfermo o con el orgullo. Algunos quieren anularlo, sin saber que en los hospitales psiquiátricos hay muchos internos que "destruyeron" su Yo. El Yo no puede ser anulado; en cambio, puede ser refinado con inteligencia, equipado con humildad, revestido con sabiduría.

Sin el Yo, no hay voluntad consciente, autonomía, identidad ni consciencia crítica. Algunos líderes religiosos sienten la necesidad de controlar a sus seguidores, asfixiando sus Yos y su libertad. No les dan el derecho de expresar sus ideas. Son enfermos que buscan seguidores ciegos. El Maestro de maestros, el educador que tal vez fue el más eficiente formador de pensadores de la historia, nunca controló a sus discípulos, nunca usó su poder para dominar sus mentes y siempre les dio el derecho de marcharse. Su desprendimiento era imponente y explica por qué cada vez que ayudaba a alguien, proclamaba: "No le cuentes a nadie lo que hice". Estudiaremos algunas Técnicas de Gestión de la Emoción que él utilizó, pero anticipo que él no quería siervos en su *staff*, sólo mentes libres.

¿Cuántas guerras y exclusiones podrían evitarse si se educara al Yo para gestionar la mente humana? Por desgracia, tanto en las religiones como en las universidades, todavía estamos en la Edad de Piedra en relación con la gestión de la emoción. Un hecho increíble, absurdo.

No es sin razón que, en la era de la más alta tecnología digital, del sonido, de la imagen, de la comunicación, estemos enfermando rápida y colectivamente. Una de cada dos personas, más de tres mil millones de seres humanos, tarde o temprano desarrollará un trastorno psiquiátrico. Esa cifra debería llevarnos a las lágrimas. Acostumbramos esperar a que las personas enfermen para después tratarlas. Una distorsión dantesca, pues sabemos que una minoría será diagnosticada y tratada, y que la minoría de esa minoría tendrá una solución para su trastorno mental.

Si la población mundial fuera educada con la mitad de las TGE que estamos estudiando, seguramente podríamos prevenir cientos de millones de enfermedades mentales. Pero, como el Yo de los niños y adultos de todos los pueblos no se desarrolla de manera activa, dado que las sociedades están estructuradas y enfocadas en la educación clásica, no se protege a la emoción, no se gestionan los pensamientos, no se reedita la memoria. Por lo tanto, seguiremos siendo víctimas no sólo de la envidia saboteadora, sino también de la depresión, la ansiedad, las fobias, el complejo de inferioridad, la fragmentación de la autoestima, los celos, la ira, la culpa y el autocastigo.

El análisis del hermosísimo libro del Génesis, esa minienciclopedia de la historia humana, revela que la humanidad nunca desarrolló habilidades para gestionar la emoción. Inició con un asesinato y sigue multiplicando los asesinatos y los suicidios. Comenzó con intolerancia a las contrariedades y continúa con un bajo umbral para soportar frustraciones. Por todo eso, el Yo sigue siendo depredador de los demás (*bullying*, violencia contra las mujeres, violencia social) y de sí mismo (autocastigo, autoexigencia, timidez).

El *coaching* en la Antigua Grecia

El entrenamiento socioemocional formaba parte del tejido de la Antigua Grecia en dos grandes modalidades: el entrenamiento deportivo (la formación de deportistas eficientes) y el intelectual (la formación de pensadores impactantes).

En el campo deportivo, los entrenadores, que a veces eran atletas más experimentados, ayudaban a atletas menos hábiles a mejorar su desempeño para competir en los Juegos Olímpicos, una fiesta de confraternización de la humanidad y no una arena de competencia predatoria. El objetivo central era exaltar la unidad de la familia humana, en vez de promover a algunos simples deportistas y países.

Se gastaban horas incansables después de la jornada diaria por la supervivencia. La meta no era vencer, la meta era entrenar. La meta no era el podio, la meta era dar lo mejor de sí. El podio y la victoria eran sólo una consecuencia del proceso. Una TGE importante perfumaba la mente de los atletas: las pérdidas, los fracasos y las crisis no eran objeto de castigo, sino de exaltación, pues se sabía que "quien vence sin derrotas sube al podio sin gloria". Quien no tuviera dignidad para soportar las humillaciones tampoco la tenía para recibir los aplausos. Reírse de los fracasos, relajarse ante los tropiezos era algo vital para hacer del deporte una fuente de placer, y no una fuente de enfermedades mentales.

El secreto de los vencedores no eran los dones innatos, la musculatura privilegiada, sino el entrenamiento incansable, el refinamiento de las habilidades, la repetición de los procesos. Ellos usaban, de manera intuitiva, otra poderosa TGE: por lo general, quienes suben al podio no son los más hábiles, sino los más perseverantes. El mundo fue más de los tercos que de los capaces, más de quienes transpiran que de quienes son autosuficientes.

En el campo intelectual griego, las escuelas eran una fuente de educación socioemocional. En ellas, se cruzaba la historia de maestros y discípulos. Las técnicas de *coaching* emocional irrigaban las clases al aire libre, estimulando a los alumnos a practicar el arte de pensar la vida y cuestionar el mundo. Sócrates era un *coach* especialista en el arte de preguntar. Muchos lo criticaban porque cuestionaba todo y no explicaba nada. Hoy sabemos que quien pregunta poco llega a los lugares adonde todo el mundo llega. Quien pregunta mucho se perturba mucho, se pierde en sus caminos, pero tiene la posibilidad de llegar a donde nadie más ha llegado. El mayor riesgo para un universitario, maestro o doctor es adaptarse al mundo de las respuestas. Las respuestas son el cáncer de las nuevas ideas.

El método socrático es una técnica de *coaching* emocional fundamental para liberar la imaginación y formar pensadores. Por ejemplo, antes de que los alumnos de psicología tuvieran contacto con las teorías de la personalidad de Freud, Jung, Fromm, Piaget, Allport, Kurt Lewin o incluso con la mía, la Teoría de la Inteligencia Multifocal, deberían pasar meses investigando, analizando, preguntando, produciendo su propia teoría. Aunque produjeran una sola página, aunque que se sintieran estresados y perdidos, se estarían formando como pensadores, y no como repetidores de información. Dar información digerida sin cuestionamiento aborta la inventiva humana. Sin darse cuenta de eso, las facultades son especialistas en ese proceso abortivo.

Sócrates ejercitó la mente de sus discípulos, entre ellos, Platón. Analizando la postura intelectual de Sócrates, entenderemos que, para él, un pensador cuestiona, mientras que un siervo obedece órdenes; un pensador explora su mundo, mientras que un espectador espera a que llegue la muerte; un pensador se deleita en producir conocimiento, mientras que un repetidor de datos consume la información en forma pasiva, sin digerirla; un pensador sabe que la verdad es un fin inalcanzable, mientras que un repetidor de datos tiene la seguridad de que las verdades son absolutas.

Incluso a las puertas de la muerte, Sócrates, antes de tomar la cicuta, el veneno que lo mataría, puso en práctica una de las más grandes y fascinantes Técnicas de Gestión de la Emoción, revelando un notable entrenamiento educativo. La técnica era: "Quien no es fiel a su consciencia, tiene una deuda impagable consigo mismo".

Sócrates era un crítico de su sociedad, criticaba la superstición griega, creía en un único Dios. Ésa era una de sus ideas revolucionarias. Además, criticaba el *modus operandi* de la política de su tiempo. Considerado un hereje, fue condenado a tomar cicuta. Bastaba con que negara todo aquello en lo que creía, y sería libre. En el lugar donde sería condenado, estaban varios discípulos rogando y llorando para que Sócrates cambiara sus ideas. Sin embargo, su Yo prefirió ser fiel a su consciencia a contraer una deuda consigo mismo. ¡Qué entrenamiento espectacular! Políticos, reyes, intelectuales de la actualidad, si se sometieran a esa TGE, cambiarían el mundo, por lo menos su propio mundo. ¿Y usted? ¿Es fiel a su consciencia?

Formando mentes pensantes

Sócrates, el más cuestionador de los filósofos, fue fiel a sus ideas y se silenció por ellas. Era tan sensible a su consciencia que dijo que no recordaba tener deudas con alguna persona, pero, al decirlo, se acordó que debía un gallo a alguien. Suplicó a sus alumnos que pagaran la factura por él. ¿Usted recordaría una pequeña deuda en su lecho de muerte?

Bajo el ángulo del funcionamiento de la mente, el entrenamiento que Sócrates aplicaba a sus discípulos era espectacular y operaba de esta manera: a través del arte de la pregunta, provocaba el fenómeno inconsciente que registra todo automáticamente (RAM), lo cual grababa cada gesto y palabra en la corteza cerebral de sus alumnos, transfiriéndoles el capital de las experiencias, mucho más rico que el capital de las áridas informaciones. El capital de las experiencias transferido formaba ventanas *light* con alto contenido emocional y, por lo tanto, inolvidables. A diferencia de la educación moderna, poco eficiente, que forma ventanas neutras, desprovistas de emoción, pues el maestro no se coloca en el proceso, no se posiciona como maestro de vida, Sócrates irrigaba la mente, inspiraba sueños, lloraba con sus alumnos y destruía verdades absolutas.

La educación socrática seguía produciendo reacciones en cadena, incluso en su ausencia. Cada vez que un discípulo estaba en una situación socialmente estresante, lidiando con pérdidas, frustraciones y oposición, las ventanas *light* que Sócrates había archivado en él, aunque concurrieran con miles de otras ventanas en el cerebro, por ser tan poderosas, se abrían e influenciaban el proceso de lectura, construcción de pensamientos e interpretación. Así, sin que se dieran cuenta, los discípulos vivenciaban las TGE del maestro. Deponían las armas y usaban las ideas, pensaban antes de reaccionar, cuestionaban el mundo con el arte de la pregunta, en especial, su mundo psíquico.

Cada nueva interpretación de un discípulo quedaba registrada, construyendo plataformas de ventanas que se agregaban a la memoria. Esas plataformas formaban "barrios", núcleos de habitación del Yo. Estos núcleos reciclaban el proceso de formación de la personalidad, modulando la consciencia crítica, la ética, la visión social, la tolerancia, la capacidad de reinventarse en el caos. Sócrates formó a Platón y a otros pensadores sin pizarrón, gis, multimedia, espacio físico. En la actualidad, se necesitan cientos de miles de maestros y miles de escuelas con incalculable tecnología para formar un Platón, un pensador impactante.

El magno entrenamiento de las escuelas griegas, capitaneado por notables Técnicas de Gestión de la Emoción, fue abandonado incluso en la Grecia actual. Recuerdo que, hace unos años, impartí una serie de conferencias sobre el funcionamiento de la mente y la formación del Yo a médicos a bordo de un trasatlántico que paseaba por Grecia. En los intervalos, visitábamos lugares históricos de ese bellísimo país.

Durante esas andanzas, encontré a varios adolescentes y, curioso, les pregunté sobre Sócrates, Platón, Aristóteles, Parménides, Jenófanes, Pitágoras, en fin, sobre los grandes pensadores de la Antigua Grecia. Para mi horror, la mayoría de los jóvenes no los conocía, y los pocos que dijeron conocerlos no sabían decir nada sobre ellos. Eran meros consumidores de información; desconocían el método socrático de provocar la mente y formar pensadores. Sin embargo, al descubrir que yo era brasileño, comenzaron a citar eufóricamente nombres de jugadores de futbol. No tengo nada contra el deporte, al contrario, pero quedé perplejo al detectar que, en la actualidad, muchos jóvenes de Grecia y del resto de las sociedades modernas pisan nada más que la superficie no sólo del planeta Tierra, sino también del planeta Mente.

6
Mega TGE: construir la felicidad inteligente y la salud emocional

sta Mega TGE, nacida de la Teoría de la Inteligencia Multifocal, nutre las reglas de la construcción de la felicidad inteligente y de la salud emocional. Todo ser humano debería vivirla noche y día a lo largo de toda su historia existencial. Si no la practican cuando menos al mínimo, las celebridades, los ejecutivos, los empresarios y los intelectuales que tienen un gran éxito social, financiero y/o profesional, serán paupérrimos en el territorio de la emoción, mendigarán el pan de la alegría teniendo una mesa abundante, tendrán camas confortables, pero no descansarán, estarán bajo los reflectores de los medios, pero no tendrán brillo dentro de sí.

Esta megatécnica nos lleva al paraíso sustentable de la felicidad inteligente y al oasis de la salud mental. Es una técnica multifocal y compleja, y depende de por lo menos siete herramientas, que deben trabajarse todos los días:

1. Ser fiel a la propia consciencia.
2. Contemplar lo bello.
3. Encantarse con la existencia.
4. Ser altruista.
5. Pensar como humanidad.
6. Dar sin esperar nada a cambio.
7. Adquirir estabilidad emocional fundamental.

Ser feliz es mucho más que sólo estar alegre, sumergirse en el oasis del placer, ya que la emoción no es saludable y libre en sí misma si no es inteligente, si no está acompañada de algunas de las Técnicas de Gestión de la Emoción arriba citadas, y que discutiremos a continuación. Es posible estar alegre y que esa alegría sea enfermiza, es decir, propiciar un consumo irresponsable que, posteriormente, generará autocastigo. Por lo tanto, la gestión de la emoción arroja una nueva luz sobre el complejo territorio de la emoción.

Mire bien: es posible estar eufórico, creerse súper feliz, y que esa superficialidad lleve al Yo a fomentar su propia infelicidad, esto es, a tener actitudes completamente irreflexivas en el estado de euforia, como hacer negocios sin racionalidad. Es posible, cuando se hace una dieta, liberar endorfinas cerebrales, lo que hace que el Yo experimente un estado intenso de placer al adelgazar, lo cual sabotea constantemente su propio régimen, llevándolo a comer de manera compulsiva en un momento determinado y a tener sentimientos de culpa en otro.

Me siento una voz solitaria en la actualidad al decir que la felicidad necesita ser inteligente. A su vez, la felicidad inteligente exige una emoción saludable; la emoción saludable exige sostenibilidad, y la sostenibilidad exige la aplicación de herramientas de gestión de la emoción.

TGE 1. Quien es infiel a su consciencia contrae una deuda impagable consigo mismo

Algunas personas tienen treinta o cuarenta años de edad cronológica, pero su edad emocional es de quince o veinte. Su Yo no logra atravesar la fase de la adolescencia. Uno de los motivos es que no entrenaron a su emoción para ser fieles a su consciencia. Quien es infiel a su consciencia mira hacia afuera, está impulsado por las ganancias, contaminado por la inmediatez, encarcelado por sus necesidades neuróticas, incluyendo la del estatus social.

A esas personas les falta ética, transparencia y responsabilidad social. Dirigen empresas e instituciones, pero no su propia mente. Son osadas, pero no mesuradas. Son rápidas para producir respuestas, pero no reflexivas. Son cultas, pero pierden tiempo en discusiones, reproches y nimiedades. Son elocuentes, pero no saben dialogar de manera transparente para resolver conflictos en la empresa, en la escuela, en la familia. Ahí donde meten su cuchara, aumentan la confusión.

Una persona que equipa a su Yo para ser fiel a la propia consciencia se preocupa en primer lugar por su salud emocional y se crece ante el dolor, filtra los estímulos estresantes, protege su mente, no se lleva a la tumba sus fantasmas mentales.

Una persona que se entrena para ser fiel a su consciencia sabe que debe rendir cuentas a la sociedad, a sus familiares, a los accionistas de la empresa y, principalmente, a sí misma. Su mayor juez no son los demás, sino su propio Yo. Está consciente de que ser infiel a su consciencia es divorciarse de su salud emocional, del estado sostenible de felicidad, de su equilibrio mental. ¿Usted tiene una historia de amor con su salud emocional, o es un depredador de sí mismo?

Quien educa a su Yo para ser fiel a sí mismo comienza a descubrir la regla de oro de la tranquilidad inteligente: el dinero no garantiza la felicidad, pero su falta garantiza la ansiedad. El mal uso del dinero puede propiciar el orgullo, la arrogancia, la necesidad neurótica de ser un dios y de estar por encima de sus pares. El mal uso del dinero empobrece tanto como su carencia. Tener proyectos, luchar por ellos, trabajar, ahorrar recursos son formas de irrigar la emoción. Quien vive a la sombra de los demás deshidrata su propia felicidad.

Una de las mayores herramientas que los padres y los maestros deben enseñar a sus hijos y alumnos —y que transmitimos sistemáticamente en nuestros programas educativos— es a ser transparentes, a tener el coraje de hablar de sí mismos, de sus crisis, sus pérdidas y sus fallas. Muchos jóvenes están al borde del suicidio o de un colapso mental, y no aprendieron con sus padres a compartir su historia. Es mejor el dolor de la honestidad que el alivio momentáneo del disimulo o de la mentira. Los niños y adolescentes que no aprenden a lidiar con sus crisis no formarán núcleos saludables en su memoria para madurar al Yo como gestor psíquico; por lo tanto, tienen una enorme desventaja cuando se trata de ser productivos y proactivos en la construcción de su propia historia.

La infidelidad a la propia consciencia se manifiesta de diversas formas, incluso en las personas éticas. Muchas aman tanto el dinero que se autodestruyen en su conquista, sobre todo, cuando se convierten en máquinas de trabajar, poniéndose a ellas, a sus familias y a su propia salud en lugares indignos de su agenda.

Otras personas son antiéticas. Son a tal punto infieles a su consciencia, que abrigan una pasión ciega por el dinero, utilizando medios ilícitos para conquistarlo. No se interiorizan. No saben que, bajo el ángulo de la gestión de la emoción, el dinero que proviene de la corrupción infecta la emoción, nutre la angustia y la intranquilidad. Quien gana dinero saboteando a su nación, su empresa o a otras personas, como hemos visto en nuestro país, sabotea su propia felicidad, corrompe su salud mental, desarrolla altos niveles de ansiedad, capaces incluso de generar paranoia o delirio de persecución.

TGE 2. Contemplar lo bello

Ser fiel a la propia consciencia es ser fiel a su salud emocional; ser fiel a su salud emocional comienza en la infancia, cuando se entrena al Yo para contemplar lo bello. Contemplar lo bello es entregar toda su atención, observar los matices, embriagarse con detalles imperceptibles a las mentes ansiosas que no se interiorizan. Es refinar la visión, dar intensidad a la observación, capturar lo que está dentro de sí, contemplar lo que se encuentra detrás del comportamiento de los hijos, de la pareja, de los amigos. Es ser riquísimo, aunque no se tenga mucho dinero. Es comprar lo que no está a la venta. Es formar plataformas de ventanas *light* que irrigan a la felicidad inteligente.

Rico, para el complejo mundo de la gestión de la emoción, no es aquel que tiene mucho dinero en el banco, sino quien vive el arte de la contemplación en medio de las agitadas avenidas, de los ambientes de urgencia de las empresas, de las escuelas. Rico es quien rompe, por lo menos algunas veces, con la locura estresante que vive y nutre agradablemente su emoción, absorbiendo lo máximo de lo mínimo. Es quien hace pequeños ejercicios de relajación en el trabajo, quien se sumerge dentro de sí mismo, libera su imaginación, irriga sus sueños.

Aquel que, en medio de un tráfico infernal, logra captar un árbol lleno de flores, un tronco carcomido, un césped desapercibido tiene una gran ventaja para irrigar su salud emocional. Quien analiza a un transeúnte apresurado y se pregunta: "¿Quién es?", "¿Qué lágrimas ha llorado?", "¿Qué proyectos llevó a cabo?", "¿Qué sueños abortó?", "¿Qué pesadillas vivió?" nutre la felicidad inteligente, pues disfruta de placeres únicos, que el dinero no puede comprar.

Los padres que dan regalos a sus hijos en exceso envician sus cortezas cerebrales a necesitar cada vez más estímulos para tener migajas de placer, asfixiando, por lo tanto, el arte de contemplar lo bello. Bajo la tónica de la gestión de la emoción, el mayor favor que los padres pueden hacer para enriquecer la emoción de sus hijos es darles lo que el dinero no puede comprar, es calibrar su visión para que se deslumbren con el mundo fascinante que los rodea. Incluso en medio de guerras y tormentas de arena, es posible valorar la brisa del viento.

Algunos que están "fuera de la curva" experimentaron esa herramienta de gestión de la emoción en lugares donde es casi imposible tener placer. Viktor Frankl, como comenté en mi libro *En busca del sentido de la vida*, fue capaz de entrenar a su Yo para soñar, tener proyectos de vida y disfrutar de la alegría fomentada por la libertad que estaba más allá de las cercas de púas del campo de concentración de Auschwitz. Podía ver lo invisible, pues aprendió a contemplar lo bello.

TGE 3. Encantarse con la existencia

Encantarse con la existencia es un paso más allá de la contemplación de lo bello. Estamos en la era del entristecimiento humano, aunque hayamos desarrollado la industria del ocio más poderosa de todos los tiempos. La depresión, la ansiedad y las ideas suicidas han aumentado muchísimo. ¿Por qué? Porque no entrenamos la contemplación de lo bello y el encanto por la existencia en las sociedades estresantes y consumistas. Somos ingenuos al pensar que esos fenómenos se aprenden espontáneamente. No entendemos que esas Técnicas de Gestión de la Emoción son más difíciles de aprender que las más sofisticadas fórmulas matemáticas o físicas. ¿Esas técnicas forman parte del portafolio de su personalidad?

Quien aprende a deslumbrarse con la vida no vive sólo por estar vivo: hace de ella una gran aventura, un mundo a ser explorado. Quien se encanta con la existencia no piensa que trabajar, producir, expandir, reciclarse, sea algo trivial: piensa que es algo notable. Se vuelve más intenso, no más tenso. Como un ingeniero, construye ventanas *light* en la memoria de los demás y en su propia corteza cerebral. Estimula a su Yo a reciclar su radicalismo y su necesidad neurótica de tener siempre la razón y promueve la relajación.

Cierta vez le preguntaron a un viejo empresario, uno de los más ricos de Japón, cuál era el secreto de su vigor. Él respondió que tres cosas: comer poco, no darles importancia a las tonterías y saber que todo es una tontería. Encantarse con la vida es saber reírnos de nuestras boberías, burlarnos de nuestros miedos, no llevar la vida a hierro y fuego. Es combinar dos herramientas difíciles de incorporar en la misma alma: ser profesionalmente responsables y emocionalmente relajados, intelectualmente competentes y emocionalmente bienhumorados. Quien aprende a encantarse con la vida baila el vals de la vida con la mente relajada. ¿Cómo baila usted el vals de su vida?

TGE 4. Ser altruista: el placer de dar

Ser altruista es dar de manera inteligente, es colocarse en el lugar de los demás, es abrazar más y juzgar menos, es comprender más y criticar menos, es entregarse más y enclaustrarse menos. Los altruistas entran en las capas más profundas de su ser a medida que alivian el dolor humano; navegan en aguas desconocidas mientras secan las lágrimas; venden esperanzas y promueven a los demás.

Ver una buena película, observar una bella pintura y leer un libro inteligente avivan la psique humana, pero hacer feliz a otra persona va más allá, genera una explosión motivacional. La emoción es el fenómeno más democrático de la existencia humana: cuanto más irrigamos la emoción de los demás, más expandimos nuestra capacidad de encantarnos con la vida; cuanto más actuamos como embajadores de la paz, más nos conquistamos a nosotros mismos. Por otro lado, cuanto más promovemos intrigas, discusiones y conflictos, más nutrimos nuestras trampas mentales, más fomentamos nuestra ansiedad y nuestro mal humor.

Al contrario de lo que muchos piensan, la felicidad es más que un estado de alegría, placer y satisfacción. Debe ser inteligente para ser sostenible. La emoción feliz no tiene durabilidad ni profundidad si está encapsulada por el individualismo, el egoísmo y el egocentrismo. Quien vive en ese capullo es digno de compasión, pues asfixia su libertad, su relajamiento y su salud emocional.

Ser feliz no es tener una vida perfecta, sino reconocer la propia falibilidad, sentir el olor de la tierra mojada, admirar la explosión de colores de las flores, aplaudir a los que intentaron y no lograron conquistar el podio, dar lo mejor de sí a quien no lo merece, comenzar todo de nuevo tantas veces como sea necesario.

Ser feliz y tranquilo es, ante todo, promover el bienestar de las personas, procurar superar los conflictos de manera pacífica. Esas palabras parecen sueltas, pero quien las bebe experimenta un sorprendente salto emocional. Por eso, mi amigo Carlos Ayres Britto, expresidente de la Suprema Corte Federal, y yo, soñamos con escribir juntos un libro en el tema de "resolución pacífica de los conflictos".

Hay cerca de veinte mil jueces en Brasil y más de cien millones de procesos. Las sociedades modernas, sobre todo la brasileña, se volvieron judiciales. Se promueven embates jurídicos por pequeños conflictos. Aprender las herramientas de gestión de la emoción para resolver pacíficamente los conflictos no sólo promovería la salud de los profesionales del aparato judicial, como jueces y fiscales, que tienen una sobrecarga inhumana de trabajo, sino que también fomentaría, por lo menos un poco, la calidad de vida en el teatro social.

Quien no aprende a desarmarse emocionalmente y darse socialmente corre el riesgo de transformarse en su peor enemigo. Recuerdo a un paciente, un empresario culto, rico, excelente profesionista, de origen italiano, que vivía en una gran ciudad del sur del país: en realidad, vivía encarcelado en su palacio. No sonreía, no se relajaba, no se encantaba con la vida. Era un especialista en reclamar por todo y a todos, no soportaba ser contrariado, vivía asfixiado dentro de sí.

Era tan solitario y malhumorado que se dirigía a sus colaboradores con gestos en vez de palabras. Tensos, éstos debían adivinar lo que les había pedido, ya fuera una tarea o, eventualmente, un bocadillo, lo que el empresario quisiera. Los colaboradores caminaban sobre cáscaras de huevo. El humor del empresario era inestable y depresivo, pero era incapaz de admitir su insolvencia emocional. Rico financieramente, en quiebra emocionalmente; una paradoja cada vez más común.

Por fortuna, decidió salir de entre el público y subir al escenario de su mente a fin de dirigir su *script*. Hizo el Programa de Gestión de la Emoción y, poco a poco, se sorprendió con la cantidad de conflictos que lo controlaban. Quedó impactado al descubrir que no era libre. Tenía los recursos para viajar por el mundo, pero no sabía viajar al interior de sí mismo. Al hacer ese viaje insustituible, detectó sus trampas mentales, como egocentrismo, humor depresivo, pesimismo, miedo a hablar de sí, traumas en relación con su padre.

Como artesano de la emoción, tejió, a través de cada técnica, la regla de las reglas de oro de la calidad de vida. Aprendió a superar la necesidad neurótica de no reconocer sus errores, comenzó a contemplar lo bello y a encantarse con la vida. Descubrió uno de los raros placeres humanos, más agradable que los mejores vinos, más fascinante que el viaje más excitante: ser altruista. Rompió el capullo del individualismo y aprendió a dar, a tener placer en hacer sonreír a los demás. Fue un excelente aprendiz. Entendió que la felicidad, tan famosa y tan poco vivenciada, no se sustenta sólo con la emoción: necesita ser nutrida con herramientas inteligentes.

TGE 5. Pensar como humanidad

Entrenar la contemplación de lo bello coloca los cimientos para la habilidad de encantarse con la existencia. El encantamiento de la existencia fundamenta la libertad emocional. La libertad emocional pone combustible al placer de dar. Si se irriga abundante y frecuentemente, el altruismo evoluciona a la capacidad de pensar como humanidad. Y pensar como humanidad es la función no cognitiva más notable, la característica más bella de la inteligencia socioemocional. Deberíamos enseñársela a todos los alumnos de todas las religiones, de todos los pueblos, de todas las escuelas del mundo. Si no enseña esa nobilísima función de gestión de la emoción, Europa se incendiará en las próximas décadas; explotarán los conflictos entre musulmanes, cristianos, judíos y los gobiernos locales, como Francia, Inglaterra y Alemania.

La energía emocional es mucho más que una red neural. Nadie sabe cuál es su esencia, pero estoy convencido de que no se expresa igual ni esencialmente en todos los seres humanos. La emoción puede expandirse o contraerse, dependiendo del tipo de educación, entrenamiento y transmisión del capital de las experiencias entre padres e hijos, maestros y alumnos. La capacidad de emocionarse, tanto de alegrarse como de deprimirse, de tener buen o mal humor, de ser optimista o pesimista, depende de refinadas habilidades del Yo, las cuales pueden ser esculpidas en las relaciones interpersonales.

Hitler contrajo su sensibilidad a lo largo del adiestramiento mental que sufrió y que, al mismo tiempo, patrocinó como joven líder del Partido Nazi. Cuando ascendió al poder y comenzó a aniquilar a las minorías, asfixió todavía más las emociones que lo hacían humano. Cuando implementó la solución final para llevar a cabo el exterminio en masa de los judíos y la eutanasia social, cuyo objetivo era eliminar a los enfermos mentales y niños especiales alemanes, la cantidad y la calidad de sus ventanas traumáticas, capaces de cerrar el circuito de la memoria y secuestrar al Yo de la función de gestor de la mente, crecieron en volumen y lo deshumanizaron. Ahí ya no había un *Homo sapiens*, sino un monstruo.

Por otro lado, los judíos, que bajo la dramática presión de los policías de las SS eran obligados a ejecutar tareas inhumanas en los campos de concentración, como soltar el Zyklon B (un pesticida que asfixiaba) en las cámaras de gas o cargar los cuerpos de otros presos y tirarlos en las fosas comunes, también sufrían una contracción en su energía emocional, perdían su capacidad de ponerse en el lugar de los demás y de emocionarse con el dolor de sus semejantes.

La energía emocional no es estática ni tiene siempre el mismo volumen, intensidad y calidad. Es mucho más que un conjunto de estímulos neuroeléctricos: es un mundo insondable y misterioso. Un día confirmaremos que es metafísica. Pero, independientemente de esa confirmación, quien vive para sí, revolcándose en el fango del egoísmo, puede estrecharla a niveles peligrosos. Quien se somete a la presión y a la competencia predatoria en las empresas, puede perder la ligereza y el encanto por la vida. Los ejecutivos que trabajan día y noche pueden enviciarse en sus metas y olvidar que ellos mismos y sus colaboradores son seres humanos y tienen necesidades vitales que van más allá del salario y de los bonos. Las empresas enferman, aunque tengan mucho dinero, sobre todo, cuando sangran la emoción de sus colaboradores.

Pensar como humanidad rescata nuestra sensibilidad, expande la energía emocional. Los que realizan trabajo social voluntario tienen más oportunidades de ser felices que los que sólo se preocupan por acumular billones de dólares, conquistar el poder y los títulos académicos. Pero, claro, el poder financiero y social puede ser muy valioso si se usa para contribuir con la sociedad. Pensar como humanidad nutre vigorosamente la regla de las reglas de oro de la gestión de la emoción: la mejor forma de irrigar la felicidad inteligente y la salud emocional es invertir en el bienestar de nuestra especie y del medioambiente.

Los dictadores y los dueños de esclavos estrangularon su propia emoción, mutilaron su placer de vivir por no pensar como familia humana. Bajo el ángulo de la gestión de la emoción, no es posible controlar a los demás y ser, al mismo tiempo, bienaventurado, estable, saludable. Calígula, Hitler, Stalin, Pol Pot, Papa Doc y todos los miles de seres humanos del pasado y del presente que fueron infectados por la necesidad neurótica se volvieron, sin saberlo, los más infelices y miserables de la Tierra. El placer de vivir y la libertad emocional exigen liberar a los demás, no confinarlos.

Preservar el derecho de los demás y su salud física y emocional, sin importar la raza, la religión, el color, el género, la cultura, es la mejor forma de preservar los propios derechos fundamentales. Nada promueve tanto la salud emocional como pensar como humanidad, romper la mazmorra del individualismo y el egocentrismo.

Si los intelectuales salieran del claustro y actuaran más en el teatro social, si los políticos se posicionaran como siervos y no como líderes a ser servidos; si las escuelas enseñaran las complejas funciones de la inteligencia socioemocional, como pensar antes de reaccionar y ponerse en el lugar de los demás, y no sólo el pensamiento lógico y la información externa; si cristianos, musulmanes, judíos, budistas y ateos respetaran solemnemente a quienes piensan diferente y dieran lo mejor de sí para hacer que la familia humana fuera más tolerante y generosa; en fin, si el *Homo sapiens* aprendiera a gestionar su emoción para pensar como humanidad y no sólo como un grupo social o un corral ideológico, nuestra especie no estaría tan enferma y fragmentada, no viviría entre disputas irracionales, no estaría en el umbral de la inviabilidad. Habría menos competencia predatoria entre las naciones y mucha más cooperación social, menos conflictos entre religiones y mucha más solidaridad, menos discriminación de las minorías y mucha más inclusión social, menos homicidios y suicidios, y mucha más pasión por la vida, menos psiquiatras y psicólogos en los consultorios y muchas más mentes libres y emoción saludable, menos policías patrullando las calles y muchos más niños y adultos recitando poemas al aire libre. Sí, habría menos prisiones y muchos más museos, menos guerras y mucha más celebración de la paz...*

TGE 6. Dar sin esperar nada a cambio: la construcción de la libertad emocional

El altruista se da a sus semejantes, pero el altruista inteligente se da disminuyendo la expectativa de retorno, se protege. La libertad no es sólo tener derecho de ir y venir, sino de caminar libremente dentro de sí sin ser atormentado por conflictos, sin ser subyugado por los vampiros de las preocupaciones, que roban la tranquilidad. La libertad mental para la gestión de la emoción es elegir al Yo como líder de sí mismo, invertir en sus habilidades como gestor de la mente.

Para la gestión de la emoción, la libertad es más que poder expresar las ideas, dialogar y trabajar en equipo; es penetrar en los rincones ocultos de la psique, hacer una mesa redonda con todo aquello que nos controla, encender la luz

---

* Si está de acuerdo con esta técnica de gestión de la emoción expresada en el último párrafo, divúlguela en las redes sociales, en la escuela, en la empresa, en la familia, en fin, adonde fuera y por todo el tiempo que viviera. Usted formará parte de los *Embajadores de la Paz*, un programa mundial gratuito que estamos desarrollando para disminuir la violencia en la humanidad. Su salud emocional se lo agradecerá.

de la razón. La libertad no consiste solamente en superar la soledad social, debatir ideas y estar en medio de las multitudes, sino también hacerse compañía a uno mismo, apaciguar la ansiedad, calmar la mente agitada, irrigar el sueño, tener una historia de amor con la propia calidad de vida.

Entonces, ¿cómo desarrollar la libertad más excelente, la libertad emocional? Una de las mejores herramientas es darse sin miedo a los demás, pero sin buscar ansiosamente el reconocimiento; ser altruista es pensar como humanidad, al mismo tiempo que se educa al Yo para disminuir al máximo posible la expectativa de retorno. Creo que todos fallamos en la aplicación de esa herramienta, y por eso somos menos libres de lo que imaginamos.

Las personas más cercanas son quienes más pueden herirnos y, en consecuencia, generar ventanas traumáticas que asfixian al Yo. Quien se entrega a su pareja, a sus hijos, amigos, alumnos o colaboradores esperando obtener reconocimiento, abrazos y agradecimientos, aunque dicha expectativa sea legítima, construye una trampa mental. Tarde o temprano, los otros nos decepcionarán, así como nosotros frustraremos a quienes amamos, por más éticos que seamos, ¿A quién ha frustrado usted?

Nadie nace libre o prisionero en el territorio de la emoción, se nace neutral. Pero si el Yo no aprende a gestionar y proteger la emoción a lo largo de la vida, aumenta el potencial de encarcelamiento de la emoción. Casi todos somos encarcelados por el sufrimiento por anticipación, por el rescate de pérdidas y resentimientos, por el conformismo, por el "pobre de mí", por el bajo umbral para las frustraciones, por la irritabilidad, por la ansiedad o por los más diversos tipos de fantasmas mentales, como miedo, celos, envidia saboteadora, mal humor, ansiedad, hipersensibilidad, autocastigo, autoexigencia.

¿A qué tipo de población carcelaria pertenece usted? ¿A la física o a la emocional? Espero que a ninguna de las dos. Probablemente sólo 1 por ciento de las personas es plenamente libre en el territorio de la emoción, pero sinceramente fui generoso, pues todavía no he encontrado un personaje que cumpla con todos los parámetros de la estirpe de los libres, ni religiosos o ateos, ni multimillonarios o miserables, ni intelectuales o iletrados, ni psiquiatras o psicólogos. Yo tampoco siento que sea libre. A pesar de ser un pionero en producir conocimiento sobre la gestión de la emoción, me siento sólo un ser humano en construcción, en busca de la libertad más saludable: la mental. También tuve diversos fantasmas emocionales que me atormentaron a lo largo del proceso de formación de mi personalidad, pero al aprender las Técnicas de Gestión de la Emoción, he podido adiestrar y desmaquillar a muchos de ellos. Todavía estoy trabajando en otros, educando, reciclando.

Lo que dificulta que asumamos la autoría de nuestra historia es el hecho de que la construcción de pensamientos es multifocal. Además del Yo, hay copilotos que actúan en la aeronave mental y pueden controlar los instrumentos de navegación y provocar graves accidentes, como el copiloto que derribó un aeroplano en los Alpes franceses, en marzo de 2015. Otro serio obstáculo es nuestra imposibilidad de borrar los traumas o las ventanas *killer*.

Como la gestión de la emoción exige que salgamos de nuestro falso heroísmo y nos pongamos en el proceso de entrenamiento para transferir el capital de las experiencias a las personas que entrenamos, voy a abrir un capítulo de mi historia. Uno de los fantasmas emocionales que más me perturbaron en la formación de mi personalidad fue la hipersensibilidad. En mi juventud, los pequeños problemas, como las críticas y contrariedades, tenían un gran impacto sobre mí. Yo sufría mucho por anticipación, vivía el dolor de los demás. Las personas hipersensibles suelen ser generosas, pero son pésimas para sí mismas. Yo me daba, pero esperaba demasiado de los otros, cuya opinión tenía un gran peso en mi historia.

La hipersensibilidad surgió con más fuerza cuando, a los seis años, desarrollé una ventana *killer* doble P, es decir, con el poder de secuestrar a mi Yo y retroalimentarse y formar un núcleo traumático. Mi madre, queriendo ayudarme a ser responsable, me dijo que mi canario había muerto por mi culpa y, peor aún, que había muerto de hambre porque yo no lo había tratado bien. Jamás he conocido a una persona tan amable como mi madre, pero incluso las personas generosas fallan. Quizás ésa no fue la causa de la muerte del animalito, pero el fenómeno RAM registró una ventana traumática poderosa e inolvidable en mi mente. Yo pensaba y repensaba en esa pérdida. Me ponía en el lugar del canario y vivía su dolor.

Muchos años después, ya siendo un investigador, entendí que los estímulos estresantes pueden abrir ventanas cruzadas. Por ejemplo, una ventana o un archivo que representa la fobia a las cucarachas puede abrirse ante la presencia de otro animal, como una araña o una víbora, generando reacciones cruzadas de pánico o pavor. Ese proceso ocurrió conmigo, y viví una hipersensibilidad cruzada. La sensibilidad al dolor de los animales se transfirió al dolor humano. Yo no sólo me preocupaba por el dolor de los demás, lo vivía en carne propia. Me quedé desprotegido ante las críticas, los rechazos y frustraciones, incluso durante la carrera de medicina. Me faltó desarrollar "piel" emocional: la piel física es el órgano más grande del cuerpo y existe para protegerlo, entre otras funciones. Mi emoción no tenía protección básica, lo que me hacía vender mi libertad por un precio vil.

¿Y usted, es verdugo de sí mismo? ¿Tiene piel emocional?

Estudiar, producir conocimiento y discurrir sobre las Técnicas de Gestión de la Emoción fueron un bálsamo para mí, una invitación a correr el maratón de la vida con libertad y placer de vivir, incluso si no llego entre los primeros. Si equipamos a nuestro Yo para ser gestor y tener autocontrol, veremos al sol de la libertad centellear como estrías de oro en nuestra mente, trayéndonos el dulce aroma de la libertad y el encanto por la vida.

Muchas celebridades, líderes políticos, millonarios y reyes poderosos tuvieron, como cualquier ser humano, hambre y sed de felicidad inteligente y de salud emocional, pero poco las conquistaron. Las miraron de lejos, exudando poder, estatus social, seguridad financiera, pero erraron el tiro. No comprendieron que el poder no las seduce. Pasaron por la vida y no descubrieron que ellas tienen que ser construidas mediante la gestión de la emoción, y que el material necesario para esa construcción se encontraba dentro de cada uno y en las cosas simples y anónimas...

TGE 7. Tener estabilidad emocional: no comprar lo que no nos pertenece

Después de practicar las primeras seis Técnicas de Gestión de la Emoción que componen la Mega TGE de la construcción de la felicidad inteligente y de la salud emocional, la séptima técnica, la estabilidad emocional, se vuelve tan natural y espontánea como el rocío en una bella mañana. Yo viví esas técnicas no sólo como profesional de la salud mental, sino también en mi propia historia; aun así, me siento un eterno aprendiz.

Antes que nada, debemos entender que no es posible tener una emoción lineal, plenamente estable. Drama y comedia, lágrimas y risas, éxitos y fracasos se alternan en la vida de todo ser humano, lo que nos lleva a experimentar una fluctuación inevitable. Pero es importante ser conscientes de que es posible y vital desarrollar estabilidad emocional básica o fundamental.

Quien desea ser un gran emprendedor, un brillante profesionista liberal, un ejecutivo espectacular o incluso un notable estudiante universitario, debe saber que, en el periodo de conquista, se estresará más de lo normal, tendrá que dedicarse, leer, reinventarse y trabajar más que los otros. Una persona estresada tiene una emoción fluctuante: ora está tranquila, ora irritada; en un momento parece tener autocontrol, y en otro tiene reacciones explosivas. Sin embargo, es posible, durante la estresante trayectoria de la conquista, y siempre que se apliquen las TGE, proteger la emoción para mitigar la ansiedad y disminuir la fluctuación emocional.

Ser emocionalmente saludable no es estar siempre alegre, sino preservar al máximo el placer de vivir; no es estar desprovisto de ansiedad, sino gestionarla para experimentar la tranquilidad, tanto como sea posible; no consiste en no dejarse abrumar por las preocupaciones y el estado de ánimo triste, sino navegar en las aguas de la emoción para no sucumbir ante las tormentas. ¿Usted sabe navegar en las aguas de la emoción?

Ser emocionalmente saludable es educar al Yo para que no compre lo que no le pertenece, como conflictos e intrigas que no ha creado, críticas injustas y discordias que no fomentó. Y no hacer un tiradero de basura del territorio de la emoción, una tierra de nadie que cualquier persona puede invadir y saquear. ¿Usted compra lo que no le pertenece?

7
El *coaching* en la historia:
el Imperio romano

E l Imperio romano sobrevivió por más de setecientos años. Fue el imperio más longevo de la historia. Muchos imperios se levantaron y cayeron, como el babilonio, el asirio, el alejandrino; la Unión Soviética duró menos de tres cuartos de siglo; Estados Unidos perderá su hegemonía económica y sociocultural en las próximas décadas, y no hay ninguna garantía de que China tendrá bases sólidas para ser tan longeva en su liderazgo global.

Como todo imperio que se valió de las armas para dominar a los pueblos, el romano fue una fuente de injusticia. Nadie ama ser dominado. Por la libertad, se cavan túneles, se debaten ideas, se hacen huelgas, se desatan movimientos sociales, se sacrifican vidas. Roma dominaba tierras extranjeras y a sus gobiernos, pero ofrecía las garantías mínimas a los pueblos subyugados, como seguridad social y jurídica y libertad de opinión, lo que atenuaba la insatisfacción de aquellos con el control central. El respeto por la libertad, por la cultura y por las prácticas religiosas de los pueblos dominados constituyó una poderosa técnica de *coaching* emocional por parte del imperio, la cual irrigaba el inconsciente colectivo de los pueblos y fue uno de los grandes secretos de su longevidad.

El Imperio romano era más importante que sus césares. Muchos fueron asesinados, como Julio César, Calígula y Claudio, pero las instituciones se mantenían fuertes, impidiendo durante largo tiempo la fragmentación del imperio. Ser ciudadano romano se convirtió en una marca de consumo emocional deseada por personas prominentes de los más diversos pueblos y culturas.

No obstante, el riesgo de toda institución que se agiganta es perder su sostenibilidad. El Imperio romano se expandió, y el gasto mensual para costear la maquinaria gubernamental y las legiones de ejércitos poco a poco se volvió insoportable. En mi opinión, además de los factores geopolíticos, lo que más contribuyó a la fragmentación del Imperio romano fue la falta de administración de los gastos gubernamentales, que exigían recursos cada vez con mayor voracidad, y los cobros elevados de impuestos a los territorios dominados. El estado se volvió una "empresa" mastodóntica, ineficiente, corrupta y lenta en reescribir su historia.

Otro secreto o técnica de *coaching* que explica la sostenibilidad del Imperio romano es el entrenamiento de las legiones militares. Toda guerra es detestable, aunque algunas sean "legítimas". En una guerra nunca hay vencedores, solamente hay menos perdedores. Y los que más pierden son los anónimos en el frente que, aunque llenan las estadísticas, no son números, sino seres humanos que aman, lloran, tienen pesadillas, igual que sus líderes encerrados en sus oficinas. En una existencia asombrosamente corta, en breve todos reposaremos en la soledad del sepulcro. La muerte es el verdugo de los mortales. Todos la detestan, incluso los suicidas. Todo pensamiento sobre la muerte es un homenaje a la vida, pues sólo la vida piensa.

Aparte de ese pensamiento filosófico, no queda duda de que el entrenamiento militar es primordial para vencer en las batallas. Un ejemplo clásico se encuentra en una de las batallas más atroces emprendidas por el Imperio romano: la destrucción de Jerusalén en el año 70 d. C., por el general Tito. Quien haya estudiado historia sabe que Israel, aunque haya sido controlado por diversos imperios, siempre fue un acérrimo rebelde contra la castración de la libertad. Calígula, el sucesor de Tiberio César, el emperador romano en la época de la crucifixión de Jesús, dijo lleno de ira que el pueblo judío era el único que no se sometía a su poder ni a su divinidad.

Tres décadas más tarde, los judíos se rebelaron contra el imperio. Pero esa vez se encerraron en Jerusalén, protegida por sus grandiosas murallas. El hijo del emperador romano Vespasiano, el general Tito, fue el encargado de someter a la nación rebelde y ponerla bajo el yugo de Roma. Fue una batalla difícil y violenta. Los judíos no cedían, repelían todo intento de invasión.

Tito envió órdenes de que se respetara la ciudad si sus habitantes se sometían, pero los líderes judíos no lo escucharon. Fue entonces que el general tomó una actitud paciente, aunque completamente inhumana. Sitió la ciudad con su legión de soldados y sofocó los medios de supervivencia del enemigo, no sólo de los militares, sino de toda la población civil. Pasaron los meses, y el hambre invadió las calles, las plazas, las casas. El sufrimiento fue tan insondable que hay relatos de familiares que se alimentaron con la carne de sus parientes muertos.

Por último, el resultado no podría haber sido peor: más de un millón de inocentes fueron asesinados, sin distinción: hombres, mujeres, ancianos, niños. Antes de la caída de Jerusalén, el implacable Tito le había dicho al historiador Josefo, que anotaba el comportamiento del general en esa batalla: el ejército romano era el único que, incluso en tiempos de paz, entrenaba a sus soldados.

A pesar de que es imposible dejar a un lado el drama que sufrió el pueblo judío, en ese episodio vemos una poderosa técnica de gestión de la emoción: ningún gran líder se relaja en las primaveras; en vez de eso, aprovecha para entrenar sus habilidades y prepararse para los inviernos existenciales. El éxito es más difícil de trabajar que el fracaso. La sostenibilidad del éxito depende de golpes elevados de inteligencia, reinvención e innovación. El riesgo del éxito es embriagarse con él, creer que será eterno, no tener consciencia de que es efímero.

El apogeo del éxito, en casi todas las áreas, de la deportiva a la musical, de la empresarial a la institucional, con frecuencia dura dos años; esporádicamente, cinco años; rara vez, diez años. La durabilidad del éxito depende de la preparación para la guerra en tiempos de paz y de la capacidad de reinventarse en el escenario cuando estallan los aplausos, tal como lo hacía el ejército romano.

El objetivo de esa técnica de gestión de la emoción no era sólo desarrollar la ventaja muscular de los militares de las legiones romanas, sino, sobre todo, promover privilegios emocionales, como la consolidación de la autoestima y la estructuración de la autoimagen de los soldados. Las empresas saludables requieren entrenamientos objetivos para hacer músculo y volverse competitivas, pero no pueden dejar de irrigar el territorio de la emoción de sus empleados, de consolidar su autoestima y su autoimagen, es decir, de refinar la forma en que se sienten y se ven.

Además, el entrenamiento del ejército romano funcionaba como una especie de propaganda capaz de prevenir las rebeliones de los más diversos pueblos. La fuerza de su *marketing* era tan o más poderosa que su fuerza militar. Los romanos se vendían de manera espectacular, silenciando una parte significativa de los fantasmas mentales de sus adversarios. De forma similar, Hitler usó exhaustivamente la fuerza del *marketing*: él mismo era un extranjero, austriaco, no tenía el biotipo ario, pero consiguió seducir a la sociedad alemana haciendo una propaganda interminable de que él era el alemán de los alemanes.

Cuando Tito derrotó a Jerusalén, se vio poseído por una furia incontrolable. Se convirtió en un dominador-esclavo, esto es, un esclavo de su emoción. Atenazado por el odio, no dejó piedra sobre piedra en la ciudad, en su ansia por destruir todos los símbolos que preservaban la identidad judía. Los cautivos, emaciados y debilitados, fueron llevados a Roma como "trofeos" y utilizados como esclavos en uno de los mayores proyectos de ingeniería de la historia, una de las maravillas arquitectónicas del mundo, el Coliseo. Diez largos años fue el tiempo que tardaron en terminar esa magna construcción. Hoy, millones de turistas lo visitan deslumbrados, sin saber que aquellas inmensas piedras perfectamente encajadas fueron testigos de lágrimas inexpresables y dolores indescifrables.

Como vimos, quien no gestiona su emoción y no entrena su sensibilidad no escucha lo inaudible. ¿Usted lo escucha? Muchos padres nunca escucharon las angustias existentes en los remotos rincones de la personalidad de sus hijos; muchos maestros no distinguieron las crisis detrás de la irritabilidad de sus alumnos. Desconocen las TGE más brillantes.

El *coaching* del pasado y el *coaching* moderno

El entrenamiento de las habilidades físicas, sociales e intelectuales siempre ha estado presente en la historia humana: del Génesis a Roma, pasando por el Imperio otomano. Con el correr de los siglos, las escuelas dejaron de ser el privilegio de una casta de nobles y abrieron sus puertas a las masas. Sin embargo, antes del siglo XVI y del surgimiento de las escuelas, la educación no era transmitida en el pequeño microcosmos del salón de clases; los niños dejaban a sus familias de los siete a los quince años para ser entrenados por los maestros. Aprendían el arte de la herrería, del telar, de la crianza de animales, de la producción de vinos.

No eran alfabetizados para leer y escribir, sino "alfabetizados" en un oficio. Observaban los comportamientos y aprendían las habilidades de sus líderes. Aprendían a aprender y aprendían a hacer: una TGE preciosa. Porque no basta con escuchar, es preciso aprende a aprender; no basta con entender, es preciso aprender a hacer. Muchas personas parecen deficientes mentales, pero no lo son; tienen limitaciones cognitivas porque no aprendieron a concentrarse, a asimilar, a organizar el conocimiento, en fin, no aprendieron a aprender. Parecen también inútiles, lentas, retrasadas, repiten los mismos errores, pues no liberan su imaginación para tener la fuerza para hacer.

En aquel tiempo, los errores, las dificultades, las limitaciones, los gestos descoordinados eran superados en el eficiente proceso de aprendizaje entre maestro y alumno. Los mundos del entrenador y de quien entrenaba se cruzaban. La educación era "*coaching* intravenoso", cargado de sentido existencial y práctico, diferente de lo que se ve en las escuelas de hoy, donde el exceso de información disminuye la inspiración, aborta la creatividad, fomenta la ansiedad —en especial, el Síndrome del Pensamiento Acelerado— y, contradictoriamente, retrae el conocimiento.

A pesar de que los maestros son fundamentales en el teatro social, el sistema educativo está enfermo, formando personas enfermas, sin gestión emocional. Entre los varios errores de la educación clásica, está la transformación de los alumnos en espectadores pasivos. Hoy en día, los maestros y los alumnos viven en mundos distintos. Los maestros no se incluyen en el proceso, no hablan de sus dificultades, pérdidas, derrotas. Por lo tanto, no provocan la formación de ventanas *light* que subsidien la capacidad de superación de los conflictos existenciales de sus alumnos. Ese modelo tan poco inteligente se agotó en la era digital, en la que los *smartphones* seducen la atención de los alumnos mucho más que los maestros más cultos y elocuentes.

En 1500, la palabra inglesa *coach* estaba ligada al transporte por tracción animal. El *coach* era un conductor de carruajes que llevaba a las personas de un lugar a otro. Posteriormente, el *coach* se convirtió en un tutor que, en el siglo XVIII guiaba a los niños por los diversos campos de las ideas, en una analogía con los carruajes que transportaban a las familias por los campos de Inglaterra. Ésa es la transición más aceptada sufrida por la palabra *coach* del pasado hacia el presente.

El *coach* moderno necesita mantener algunas de sus características originales. Un gestor de la emoción nunca castiga a sus alumnos: los instruye; nunca asfixia sus habilidades: las oxigena; nunca intimida a los clientes con su conocimiento: los lleva a ser atrevidos, a recorrer caminos inexplorados, principalmente los que conducen al interior de sí mismos.

Quien desarrolla un Programa de Gestión de la Emoción conduce a sus clientes a tener autoconsciencia, detectar limitaciones, hacer un diagnóstico de las necesidades, diseñar metas claras para la carrera, las finanzas, las relaciones, la calidad de vida. Trabaja, o debería trabajar, las herramientas que involucran al sofisticado mundo del Yo como gerente de la mente. Solamente en esas áreas, podemos extraer muchas Técnicas de Gestión de la Emoción. El *coach* se convierte en un conductor del conocimiento, un catalizador del proceso de interiorización y elaboración de la experiencia.

Otra característica del *coaching* del pasado está relacionada con el comportamiento de las familias acaudaladas que, en largos viajes, acostumbraban llevar en sus carruajes a siervos cultos, los cuales leían en voz alta a los niños lo que debían aprender en la vida y en la escuela para convertirse en adultos maduros y hábiles.

El *coaching* moderno también debe adoptar ese principio del pasado. El *coach* no es superior a sus *coachees* (aquellos a los que entrena o clientes); al contrario, se debe posicionar como un siervo en el proceso educacional. El *coach* no debe dominar a sus aprendices. No necesariamente es más culto y experimentado que ellos, sino más bien un conductor del potencial que está restringido dentro de ellos.

Algunos técnicos deportivos tienen escasas habilidades atléticas en comparación con los atletas que entrenan. Entonces, ¿por qué son eficientes? Porque tienen otras especialidades ligadas a la gestión de la emoción:

1. Disciplina para entrenar incansablemente.
2. Determinación para sobrevivir a la cárcel de la rutina.
3. Anti-inmediatez para valorar el proceso tanto o más que el resultado.
4. Planeación a mediano y largo plazo para construir resultados sostenibles.
5. Coraje para enfrentar los riesgos, pues sin riesgos nos encarcelamos en la mazmorra del aburrimiento.

6. Humildad para valorar las victorias y generosidad para exaltar a los derrotados.

7. Capacidad de reinventarse en el caos cuando el mundo se derrumba sobre ellos.

Debido a que tienen tales habilidades en su mente, esos técnicos son conductores de las habilidades de aquellos a quienes entrenan. Un buen *coach* de la gestión de la emoción no crea nada, sólo revela lo que ya existe; no produce al vencedor, sólo remueve los obstáculos que impiden que éste alcance el podio.

8
Mega TGE: salud emocional: mapeo de los fantasmas mentales y superación de conflictos

TGE 1. Renunciar a ser perfecto

*L*a primera Técnica de Gestión de la Emoción para desarrollar calidad de vida viene de una abdicación importantísima: la renuncia a la necesidad neurótica de ser perfecto. Si usted quiere vivir días tranquilos, su compromiso no es evitar los errores, sino evitar castigarse cuando ellos aparecen; no es tener un comportamiento mesurado en todas las situaciones, sino relajarse cuando se es incoherente; no es declararse un héroe, sino bromear con sus fragilidades.

Una persona cartesiana, excesivamente lógica, que no admite fallas ni errores, se convierte en una bomba para su propio cerebro, un verdugo de su salud emocional y un francotirador que mata la tranquilidad de su cónyuge, sus hijos, sus amigos, sus compañeros de trabajo. A lo largo de mi labor como psiquiatra, psicoterapeuta y entrenador de la gestión de la emoción, conocí a muchos francotiradores psíquicos. Aunque fueran cultos y capaces para dirigir empresas, eran pésimos líderes de sí mismos, fuentes ambulantes de estrés; eran rapidísimos para criticar y muy lentos para elogiar, llevando a todos con los que convivían a actuar con recelo.

Si somos perfeccionistas, es hora de hacer una cirugía en nuestro estilo de vida. Pues quien no renuncia a la necesidad ansiosa de ser perfecto, no aplaude su propia humanidad, pierde la esencia y agota su energía vital. La gestión de la emoción grita alto y fuerte que nuestra calidad de vida gana musculatura cuando aceptamos ser seres humanos imperfectos y nos reímos de nuestra propia estupidez, nos burlamos de nuestros miedos, tratamos nuestras fallas con ironía, nos divertimos con los errores ajenos. Sí, la salud emocional cobra aliento cuando abrazamos más y exigimos menos, alentamos más y castigamos menos, damos siempre una nueva oportunidad a quienes amamos y a nosotros mismos.

¿Es usted un perfeccionista y, por lo tanto, una fuente de estrés, o es un ser humano que asume sus imperfecciones y así se convierte en una fuente de tranquilidad para sí mismo y para los demás? Muchos ejecutivos no se reinventan cuando fallan ni cumplen sus metas porque se exigen demasiado a sí mismos. Muchos líderes no liberan la imaginación y la creatividad de sus colaboradores porque son implacables ante sus tropiezos.

Muchos maridos y mujeres se exigen perfección uno al otro y viven en un continuo combate. No se divierten ni se relajan cuando uno de los dos falla. No se apoyan mutuamente, al contrario, se cobran cada detalle del comportamiento que desaprueban. Son excelentes para trabajar en una financiera, pero no para construir un romance sostenible, agradable, que se realimente. La mejor forma de destruir un romance, incluso uno que comenzó en el cielo de la afectividad, es disminuir los niveles de tolerancia y aumentar los de la exigencia.

TGE 2. Tener autoconsciencia

Después de renunciar a la necesidad neurótica de ser perfectos, estamos listos para avanzar a la segunda Técnica de Gestión de la Emoción, que conquista los objetivos más nobles de la calidad de vida: la autoconsciencia. No basta con que nos posicionemos como seres humanos imperfectos; es necesario que seamos autoconscientes, que nos interioricemos, que entremos en las capas más profundas de nuestro propio ser, que encontremos la más importante de todas las direcciones, que está dentro de nosotros mismos.

Quien no ejercita la autoconsciencia vive la peor de todas las soledades, la soledad a la cual él mismo se abandona. Camina sin metas, se fatiga sin propósito, navega sin rumbo en el océano de la existencia. No tiene una mínima idea de adónde quiere llegar como profesionista, pareja, educador, ni como ser humano. Quien no entrena la autoconsciencia no se cuestiona, no desarrolla consciencia crítica ni le da sentido a su existencia; se convierte en un zombi social, fácilmente manipulable, adiestrable o encarcelado por sus fantasmas mentales o por ideologías radicales.

La autoconsciencia es un fenómeno vital para fortalecer el proceso de gestión de la emoción. Sin ella, todo entrenamiento se vuelve una ilusión, como las técnicas de motivación que no resisten el efecto compulsivo del lunes. La gestión de la emoción no es un conjunto de técnicas de motivación, sino un conjunto de herramientas revolucionarias y complejas de aplicación psicológica. La praxis de la autoconsciencia exige valor para bombardearnos con cuestionamientos transparentes y profundos en las más diversas áreas de nuestra existencia:

1. En cuanto a nuestra esencia: "¿Quién soy?"; "¿Cuido mi calidad de vida o traiciono mi salud emocional?"; "¿Soy estresado o relajado, flexible o radical, abierto o exclusivista, generoso o prejuicioso, afectuoso o autoritario?"; "¿Soy autor de mi propia historia, o soy inseguro, tímido, manipulable?"; "¿Dirijo mi *script* o soy dirigido por otros o por las tempestades de la vida?".

2. En cuanto a los conflictos: "¿Qué traumas me atormentan y me controlan?"; "¿Qué fobias me encarcelan?"; "¿Qué preocupaciones, falsas creencias y creencias limitantes me dominan?"; "¿Tengo buen humor o soy malhumorado?"; "¿Soy optimista, pesimista, o un ser humano sin condimento emocional?".

3. En cuanto a las relaciones sociales: "¿Cómo está mi relación con mis hijos, mi pareja o mis colaboradores?";

"¿Soy especialista en dialogar o en criticar, en promover o en disminuir a quien amo?"; "¿Dónde fallo, me escondo o me acobardo?"; "¿A quién necesito rescatar, conquistar, y a quién debo pedirle disculpas?"; ¿Cómo puedo contribuir para hacer que otros sean más felices, libres y emocionalmente saludables?".

4. En cuanto a la eficiencia profesional y los proyectos de vida: "¿Soy una máquina de trabajar o un ser humano con sentido existencial?";"¿Estoy intoxicado con el conformismo o tengo sed y hambre de aprender, tengo el suficiente valor para reciclarme?"; "¿Soy abierto a las críticas, o tengo la necesidad neurótica de ser perfecto?"; "¿Me posiciono como un dios intocable o como un ser humano en construcción?"; "¿Cuáles son mis sueños más importantes?" y "¿Qué hago para convertirlos en realidad?"; "¿Soy un traidor de mis proyectos de vida?"; "¿Tengo enfoque y disciplina o los escondo bajo el tapete de mi exceso de actividad?".

La gestión de la emoción exige consciencia crítica, y la consciencia crítica exige una mirada interior saturada de cuestionamientos, así como ponerse contra la pared en las más diversas áreas de la vida, hacer una radiografía, aunque deficiente, de las miserias y penurias psicosociales. Quien vive hacia fuera no hace un viaje interior y, por lo tanto, no alcanza calidad de vida ni salud emocional, tampoco se convierte en un ser humano realizado.

tge 3. Automapeo: hacer el diagnóstico de los fantasmas mentales y de las falsas creencias

La autoconsciencia abre un espacio para la tercera herramienta de esta Mega tge: el automapeo. Quien no se automapea no se ubica, no sabe si está destruyendo o contribuyendo con su empresa, enriqueciendo o empobreciendo a sus colaboradores, bloqueando o promoviendo a sus hijos o alumnos, haciendo brillar o asfixiando a la persona que eligió para compartir su historia. Sólo después de bombardearse a preguntas y procurar responderlas con honestidad se puede dibujar el mapa de los fantasmas mentales.

¿Cuáles son los fantasmas mentales que sabotean nuestra calidad de vida, nuestra actividad profesional y nuestras relaciones sociales? Son innumerables, y mencionaré algunos aquí:

1. Timidez e inseguridad.
2. Autocastigo.
3. Sentimiento de culpa.
4. Sentimiento de venganza.
5. Complejo de inferioridad.
6. Celos.
7. Fragmentación de la autoestima.
8. Fobias (social, agorafobia, claustrofobia, tecnofobia, a los animales).
9. Bajo umbral para las frustraciones.
10. Irritabilidad, impaciencia y fluctuación emocional

exagerada.

11. Dificultad para pedir perdón e inclinarse en señal de agradecimiento.

12. Angustia.

13. Impulsividad.

14. Ansiedad.

15. Depresión.

16. Mal humor.

17. Pesimismo.

18. Enfermedades psicosomáticas.

19. Vigorexia.

20. Trastornos de la alimentación (anorexia, bulimia).

21. Dependencia química.

22. Trastorno obsesivo compulsivo (TOC).

23. Conformismo.

24. Autocompasión.

25. Necesidades neuróticas (necesidad de poder, de tener siempre la razón, de ser el centro de las atenciones, de hablar compulsivamente, de preocuparse por la imagen social).

26. Egocentrismo.

27. Individualismo.

28. Autoabandono.

29. Soledad social.

30. Envidia saboteadora.

31. Sufrimiento por anticipación.

32. Rumiar las pérdidas y frustraciones.

33. Exigencia excesiva.

34. Autoexigencia.

35. Compulsión por reclamar.
36. Dificultad para reinventarse.
37. Déficit de protección emocional.
38. Hipocondría o miedo a las enfermedades, etc.

Quien tiene miedo de mirar dentro de sí y encontrar a sus fantasmas mentales estará aterrado por ellos toda la vida. Es vital que hagamos un diagnóstico mínimo y empírico de nuestras limitaciones, imperfecciones, dificultades, desempeño. No es posible hablar de gestión de la emoción sin tener el coraje para ponerse en jaque.

He realizado el entrenamiento de gestión de la emoción no sólo con empresarios, sino también con sus hijos, para que éstos aprendan a ser líderes, y no consumidores irresponsables; para que se transformen en sucesores, y no en herederos. Los herederos viven a la sombra de sus padres, mientras que los sucesores construyen su propio legado; los herederos quieren todo rápido y listo, mientras que los sucesores elaboran sus proyectos; los herederos reclaman por todo y por todos, mientras que los sucesores se inclinan en agradecimiento; los herederos tienen bajos niveles de automapeo y resiliencia, no soportan ser contrariados, mientras que los sucesores aprenden a proteger su emoción y a trabajar sus pérdidas y frustraciones.

Cierta vez, hice el Programa de Gestión de la Emoción con un ejecutivo de treinta y cinco años, de origen alemán, cuyo vicio eran los relojes —de los cuales, los más baratos costaban cincuenta mil dólares— y los autos de lujo. Era un heredero que compensaba sus conflictos siendo un consumidor voraz de productos, y no de ideas. Aunque era inteligente, creía que su personalidad no incluía grandes conflictos.

Llevarlo a tener autoconsciencia y hacer un automapeo fue el primer paso de gestión de su emoción. A medida que se interiorizaba y se mapeaba, descubría sus fantasmas mentales y se quedaba perplejo. No creía que tuviera tantas características enfermizas en su personalidad: necesidad neurótica de evidencia social, de poder; preocupación excesiva por la opinión ajena; bajo umbral para la frustración; autocastigo; inseguridad; fobia social o miedo a hablar en público; falta de proyectos de vida consistentes; un déficit enorme como líder y emprendedor; comportamiento de consumidor irresponsable.

Tener fortuna al nacer, ser sobreprotegido, vivir bajo el consumismo, ésas son cosas que millones de jóvenes desean, pero representan una enorme desventaja competitiva, pues asfixian la habilidad del Yo para construir su propia historia y nutren el comportamiento del heredero, no del sucesor.

Muchos herederos, sea de fortuna, sea de cultura, tienen que descubrir que sin gestión de la emoción, incluso las mentes brillantes se destruyen. Todos deben entrenar seria y continuamente a su Yo para superar la cárcel de la emoción, filtrar estímulos estresantes y descubrir que la grandeza de un ser humano está en lo que él es, en su inteligencia y generosidad, no en lo que posee.

Volviendo al ejemplo en cuestión, solicité al joven ejecutivo que viajara algunas veces en el transporte público para saber que un ser humano apretujado dentro de un autobús abarrotado tiene el mismo valor y la misma complejidad intelectual que quien anda en un Ferrari. "¡Pero tengo miedo de que me secuestren!", dijo él. "Pero si ya estás secuestrado. Tus mayores enemigos están dentro de ti", le respondí, cerrando la cuestión.

Nadie es digno de poder si no exalta la grandeza de las personas que le rodean. El automapeo profundo desarrolla en nosotros consciencia crítica, nos lleva a ser, por encima de todo, seres humanos en construcción, y no dioses. Los dioses son un problema para la humanidad. Quien no se mapea no recicla sus locuras, errores, envidia, ira, odio, fobias, culpa, inseguridad, autosabotaje; vive en la superficie de la mente y nunca entrará en las capas más profundas de su propio ser; será un extranjero en su propia tierra.

TGE 4. Establecer metas claras

Después del automapeo, otra Técnica de Gestión de la Emoción entra en escena: la definición de metas claras. Establecerlas es vital para saber dónde estamos y adónde queremos llegar. Las metas claras son las sendas que llevan al desarrollo de proyectos a mediano y largo plazo; son los cimientos del entrenamiento continuo e incansable. Sin metas claras, no es posible afinar las trayectorias. Si una persona no se da cuenta de que es compulsiva, tímida, arrogante, egocéntrica, conformista, ansiosa, en fin, si no sabe quién es y dónde está, ¿cómo sabrá adónde quiere llegar? Pierde los parámetros, camina en círculos. Y quien camina en círculos gasta inútilmente su energía cerebral, además de correr el riesgo de ser asfixiado por tres necesidades neuróticas: de ser el centro de las atenciones, de tener siempre la razón, y de poder.

Cada persona que no tiene metas claras para educar a sus hijos o alumnos, o para entrenar a sus colaboradores, corre el riesgo de tener reacciones anacrónicas: ora enfrenta, ora huye; ora se intimida, ora es autoritaria. Tales paradojas son un reflejo típico de alguien confundido, perturbado, desconcertado. Algunos, aunque estén confundidos, no admiten que están perdidos; al contrario: infectados por la necesidad neurótica de tener siempre la razón, venden la idea de que son un mesías, de que están convencidos de lo que hacen. Son profesionistas liberales que no admiten que están sobrepasados y no se reciclan; son empresarios que no reconocen sus errores y no se reinventan; son padres que reproducen en el trato con sus hijos el comportamiento de sus propios padres, que tanto critican; son cónyuges destructores de la relación, que no quieren percibir que están llevando su romance a la quiebra.

Las metas claras son fundamentales para que una persona impulsiva mengüe su reactividad; para que un joven divorciado de las matemáticas financieras se vuelva un consumidor responsable; para que un ejecutivo malhumorado aprenda a reírse de sus tonterías y de su rigidez; para que una mujer especialista en reclamar se convierta en una experta en agradecer.

TGE 5. Tener enfoque y disciplina

Tener metas claras prepara el camino para tener enfoque y disciplina, otra técnica fundamental de la Mega TGE para promover la salud emocional. Sin enfoque, se dan bandazos, se gasta energía vital del cerebro de forma inadecuada, se pierde tiempo, trabajo, dinero, y no se construyen puentes que nos lleven a los lugares que deseamos.

Sin disciplina se sucumbe a la inmediatez, a la necesidad enfermiza de querer todo rápido y listo. En ese caso, rehacer las rutas se vuelve algo utópico, consolida nuestros defectos y eterniza nuestra falibilidad y nuestra fragilidad.

Sin el vehículo de la disciplina, no se activa el fenómeno RAM para construir a diario plataformas de ventanas *light* y desarrollar notables funciones de la inteligencia socioemocional, como la autoestima, la exposición —y no la imposición— de las ideas, la protección de la mente, el atrevimiento, así como las capacidades de explorar, de tener un pensamiento estratégico, de negociar, de trabajar la autoimagen, de influenciar a las personas.

La intencionalidad no cambia la personalidad. ¿Por qué? Porque las intenciones de cambiar generan ventanas saludables solitarias, agujas en el pajar de la memoria, a las que el Yo no logra acceder durante los focos de tensión.

Una persona tímida que dice: "De ahora en adelante, seré segura", ¿lo conseguirá? Tal vez por una hora. Sin embargo, cuando esté en una reunión de trabajo o a punto de dar una conferencia, no encontrará una ventana saludable, apenas alguna de los miles de ventanas o archivos enfermizos que propician su timidez. Al no tener enfoque y disciplina para producir plataformas de ventanas *light*, la gran mayoría de los seres humanos no recicla su inseguridad, su preocupación excesiva por la opinión ajena, su agitación mental, su hipersensibilidad, su impulsividad, su pesimismo, su conformismo, sus fobias o su mal humor.

Sin enfoque y disciplina, nos llevamos a la tumba los conflictos, creencias limitantes, falsas creencias, traumas. Fluctuamos entre el cielo y las tempestades emocionales. No tenemos ancla. ¿Qué viene arrastrando usted en su vida?

TGE 6. Todas las elecciones implican pérdidas

La Técnica de Gestión de la Emoción más impactante grita al oído de todo ser humano que, sin autoconsciencia, no es posible hacer el automapeo; sin automapeo, no se definen metas claras; sin metas claras, no hay enfoque ni disciplina, y, por fin, sin enfoque y disciplina, el Yo se vuelve incapaz de tomar decisiones importantes y de tener la convicción de que todas sus elecciones implican pérdidas.

El Programa de Gestión de la Emoción, fundamentado en la Teoría de la Inteligencia Multifocal, revela que nadie puede alcanzar lo esencial si no estuviera dispuesto a perder lo trivial. Muchos no refinan sus habilidades, no dan un salto en su carrera, no son artesanos de sus relaciones, porque detestan las pérdidas. No saben qué hacer cuando el mundo se derrumba sobre ellos. Quieren ser excelentes profesionales, pero son incapaces de ser proactivos y de dejar momentáneamente su tiempo de ocio para reciclarse; quieren brillar como estudiantes, pero odian transpirar, leer, sintetizar las ideas; quieren ser notables escritores, pero son indisciplinados, no tienen paciencia para escribir y reescribir sus textos tantas veces como sea necesario. Son vendedores de ilusiones. Y lo que es peor, creen en ellas.

Ser autor de la propia historia es ser capaz de transformar el caos financiero, el afectivo, incluyendo la humillación social, en oportunidades para volverse un ser humano mejor, más maduro e inteligente. Si alguien desea, por ejemplo, dirigir su propia historia a tal punto que ansía reavivar las llamas del amor y conquistar a la mujer que ama, tiene que tomar decisiones notables: dar muchos regalos, en especial, aquello que el dinero no puede comprar, como más abrazos, más elogios, más pedir disculpas y más demostraciones de humanidad, y ofrecer menos rigidez, menos truculencia y menos enclaustramiento.

Cuando queda inmovilizado, rígido y no sabe tomar sus decisiones, nuestro Yo sepulta el romance, la amistad, la relación entre padres e hijos, los sueños y los proyectos de vida. ¿A qué personas enterró usted en el suelo de su exceso de trabajo? ¿Qué sueños enterró en el camino?

Libros increíbles que no fueron escritos, cuadros bellísimos que no fueron pintados, investigaciones revolucionarias que no fueron concluidas, planes sociales fascinantes que fueron interrumpidos, relaciones maravillosas que no fueron construidas; todo porque hubo falta de autoconsciencia, de automapeo, de metas claras, de enfoque, de disciplina y de capacidad del Yo de ser director del *script* de su propia historia. Un Yo tímido, fragmentado, distraído e incapaz de sobrevivir al caos, aunque sea al caos de la rutina. Cuando no asume su papel vital como autor de su propia historia, el Yo es invadido por el miedo, la ansiedad, la timidez, la pereza mental, la necesidad neurótica de ser el centro de las atenciones sociales.

¿Y usted, está equipado para ser autor de su historia? ¿Está preparado para tomar decisiones y asumir pérdidas? ¿Qué sueños necesita desenterrar? ¿Qué personas ha excluido, por lo menos un poco, y debe rescatar? Son raros quienes nunca excluyeron a alguien, pero son todavía más raros los que no se abandonaron a sí mismos por el exceso de trabajo y de preocupaciones. Deberíamos aprender a abrazarnos y a decir algo como: "¡Te doy trabajo, pero te amo!".

9

La mente de los sociópatas y la pésima gestión de la emoción: el ejemplo de Adolf Hitler

Ejemplos enfermizos de gestión de la emoción

Los profesionistas liberales, los ejecutivos, los educadores que tienen la tendencia a creerse dioses intocables son portadores de las necesidades neuróticas de evidencia social y de controlar a los demás; son aptos para programar máquinas, pero no para formar seres humanos; están habilitados para generar siervos, pero no para formar mentes brillantes.

Las grandes empresas deben ambicionar crecer más, reciclarse y evolucionar continuamente, siempre que su filosofía fundamental sea promover el trabajo, la dignidad y el bienestar social. El lucro por el lucro es insostenible; el lucro social es admirable.

En la era de la competencia predatoria, del Síndrome del Pensamiento Acelerado, de los rápidos avances de la tecnología, del bombardeo de información, de la necesidad constante de reposicionarse en el mercado, es muy común que los profesionistas y los estudiantes universitarios caminen en círculos, con una enorme dificultad para evolucionar. La caída de la productividad, los conflictos de comunicación, la baja motivación y el agotamiento cerebral están al alza. La gestión de la emoción debería haber entrado antes de que se instalara ese clima caótico. Como muchos nunca aprendieron las TGE, sería necesario optimizar el tiempo para que se reconstruyeran.

¿Conoce usted parejas que se pasan la vida peleando y no se separan? ¿Conoce a personas rígidas que no se reciclan, que repiten siempre los mismos errores? ¿Conoce a personas tímidas que sueñan con hablar en público, expresar sus ideas con seguridad, pero que viven continuamente bloqueadas? ¿Conoce a personas que saben que lidian mal con sus finanzas, que se quejan porque sus salarios nunca llegan al final del mes, pero siguen siendo consumidoras irresponsables, sedientas por el placer inmediato, sin darse cuenta de que están construyendo sus propias trampas?

¿Conoce a personas inteligentes y altruistas que, sin embargo, son pésimas para vender su imagen, no logran encantar a sus compañeros y, principalmente, no logran encantar a quien más aman? ¿Conoce a personas lúcidas, pero que son secuestradas por los focos de tensión y reaccionan sin pensar en las consecuencias? ¿Conoce a personas que tienen todos los motivos para ser alegres, para inclinarse ante la vida y aplaudirla, pues tienen éxito social, financiero, académico, pero son infelices, ansiosas y deprimidas? ¿Conoce a personas que dirigen casas, empresas e instituciones, pero no logran controlar su irritabilidad ni siquiera al mínimo?

Tales personas no son limitadas en términos intelectuales ni deficientes emocionalmente; la cuestión es que no desarrollaron los papeles vitales del Yo como gestor de la mente, como gerente de la emoción, como editor de los conflictos, como reconstructor de las desgracias. Se convirtieron en espectadoras pasivas de la basura que se acumula en la matriz de su memoria. No tuvieron la oportunidad de conocer las herramientas de gestión de la emoción, ni siquiera intuitivamente.

A continuación, veremos algunos de los desastres que un ser humano puede causar si no aprende a gestionar al mínimo su emoción: es la historia del pequeño Adolf.

El error de análisis de Churchill con respecto a Hitler

Para ser un líder ejemplar no basta con ser elocuente, perspicaz, culto, influenciador de personas. Es imprescindible ser maduro e inteligente, capaz de preservar y enaltecer la vida. Y es que un gran líder también puede ser destructivo.

Un ser humano que hace la diferencia en el teatro social tiene que liderar, en primer lugar, al más rebelde y bello de los mundos, la emoción, algo que pocos iconos de la historia hicieron. Si conviviéramos con muchos de los políticos, celebridades e intelectuales que son objeto de culto para la historia, quedaríamos profundamente decepcionados con los elevados índices de egoísmo, egocentrismo, individualismo, explosión ansiosa y con el bajo umbral a las frustraciones que poseían. La mayor parte presentaba una gestión emocional deficiente.

Sin duda, Freud fue una mente brillante, pero le era difícil lidiar con las contrariedades, en especial, cuando tenían que ver con su teoría. Él simplemente cortó la relación con amigos que iban en contra de sus ideas, como Carl Jung.

Winston Churchill, el notable primer ministro inglés, dijo que Hitler habría sido uno de los mayores estadistas de Europa si no hubiera invadido Polonia e iniciado la Segunda Guerra Mundial. Un error atroz de interpretación contaminada por la emoción, cuya evaluación se basaba en comportamientos macro, no micro.

Si Churchill hubiera conocido detalles de las reacciones de Adolf Hitler, habría sido más cuidadoso. Por ejemplo, en 1929, y por lo tanto diez años antes de desatar la Segunda Guerra Mundial, Hitler propuso, en una reunión del Partido Nazi, algo que revelaba su peligrosa y destructiva gestión de la emoción: eliminar a casi un millón de niños deficientes mentales alemanes para purificar la raza aria. Alguien que quiera eliminar a seres humanos que merecen nuestra más distintiva atención no puede siquiera ser llamado líder. Un pésimo gestor de la emoción, sea político, padre o educador, apuesta sólo por quienes le retribuyen; un gran gestor da todo lo que tiene a quienes poco tienen. ¿Usted está en el rol de los grandes líderes?

La emoción influencia y distorsiona la visión, la observación, la asimilación, el análisis y la construcción de las ideas de un ser humano. Como estudiaremos, el pensamiento no incorpora la verdad del objeto pensado. Interpretar es contaminar la realidad, pero esa contaminación puede minimizarse cuando nos ponemos en el lugar de los demás, pensamos antes de reaccionar, protegemos la emoción. Controlar y preparar la emoción para interpretar de manera libre, independiente y justa son desafíos tremendos para todo *Homo sapiens*.

Como estamos mal equipados y mal entrenados para gestionar el territorio de la emoción, nuestras interpretaciones están controladas por cárceles psíquicas construidas en nuestra memoria: la cárcel de los celos, de la envidia, de la necesidad neurótica de ser el centro de las atenciones, de las fobias, del sufrimiento por anticipación, de rumiar los resentimientos, del conformismo. ¿Qué cárceles posee usted? Reconocerlas es el primer paso para liberarse; negarlas, el primer paso para eternizarlas.

Hay profesionistas que dirigen reuniones, sin embargo, no saben controlar mínimamente su ansiedad cuando son criticados o desafiados. Hay personas que siempre andan a la moda, sonriendo, y proyectan la imagen de que son motivadas y alegres, pero están llorando por dentro. Hay otras que se entrenan en el gimnasio, cuidan su cuerpo, se preocupan seriamente por la alimentación, pero descuidan aterradoramente su dieta emocional, laceran su emoción rumiando resentimientos, pérdidas y frustraciones del pasado. Y aún hay otras que, en apariencia, son estrategas, pero agotan su cerebro sufriendo por anticipación. Todas ellas viven en mazmorras y no lo saben. Hay muchos más seres humanos encerrados que libres en el teatro social.

El problema es que muchos no sólo están encarcelados, sino que también son promotores de las cárceles ajenas. La historia humana está plagada de ejemplos de reyes, dictadores, emperadores, presidentes, primeros ministros, diputados, gobernadores, que nunca fueron dignos del poder con el que fueron investidos. Eran esclavos haciendo esclavos, enfermos construyendo enfermedades, personas mal resueltas que dejaban un rastro de dolor por doquiera que pasaban.

Esos líderes, en los primeros periodos del ejercicio del poder, bebían del cáliz de la humildad, pero después esa humildad se disipaba en el territorio de la emoción, a medida que se embriagaban de autoridad y desarrollaban el taimado proyecto de mantenimiento del poder. Debemos grabar esa tesis: las drogas químicas pueden causar dependencia y el confinamiento de un ser humano, pero la droga del poder puede provocar dependencia y confinar no sólo a quien de ella se embriaga, como toda una sociedad, una empresa o una familia. Al estudiar el ejemplo de Adolf Hitler, tal vez concluyamos que hay características de su personalidad que están vivas en la mente de muchos líderes en los días actuales.

Adolf Hitler: uno de los peores gestores de la propia emoción de toda la historia

En los libros *El coleccionista de lágrimas* y *En busca del sentido de la vida*, escribí más de setecientas páginas, respaldado por una amplia bibliografía, sobre el proceso de formación de la personalidad de Adolf Hitler, su ascenso en el Partido Nazi y las técnicas de *marketing* masivo que usó para devorar el inconsciente colectivo de los alemanes y, por extensión, el de marxistas, judíos, eslavos. Escribir esos libros fue un trabajo extenuante, pero gratificante. Si usted los lee, quizá nunca más verá los bastidores de la Segunda Guerra Mundial de la misma manera.

Hitler era aterradoramente paradójico: vegetariano, no le gustaba matar animales, pero no le importaba desangrar seres humanos. Acariciaba a su perrita Blondi y a su camada de cachorritos con una mano, mientras, con la otra, telefoneaba para ordenar la muerte de niños de nuestra especie. Hacía discursos sobre la paz en el escenario social, pero tras bastidores consideraba a sus adversarios como enemigos a ser abatidos. Le gustaba hablar sobre su humilde pasado en Austria, pero tenía ataques de ira cuando lo contrariaban. Sentía aprecio por los aduladores, pero era solitario, no compartía sus fantasmas con nadie; por eso se consideraba una especie de mesías, investido de poder por la "providencia".

Como le dije al brillante y famoso judío Gerald Schroeder, en una conferencia que dimos juntos, tal vez no hubo, en la formación de la personalidad del joven Adolf, estímulos estresantes que justificaran el hecho de haberse convertido en el mayor sociópata de la historia. Me di cuenta de que Schroeder, estudioso de la Segunda Guerra, quedó impactado con mi abordaje. Enseguida, le relaté que el padre de Hitler tenía un empleo seguro, era funcionario de aduanas, sentía aprecio por la naturaleza y le gustaban las colmenas; y Klara Hitler era una madre gentil, que lo amaba.

Mi tesis es que un ser humano no necesita ser "devorado" en la infancia para convertirse en "devorador" en la vida adulta; el *Homo sapiens* puede ser adiestrado como un animal para cumplir esa función. Otra seria teoría que concluí es la de que existen dos tipos de sociópata: el primero se forja con las pérdidas, privaciones y abusos en la infancia (el sociópata clásico), mientras que el segundo se construye mentalmente por ideologías radicales y exclusivistas (el sociópata funcional), a la manera de muchos terroristas actuales. El primer tipo de sociópata puede destruir algunas personas, pero rara vez asume el poder debido a la falta de competencia intelectual, ya que su mente está muy destruida. El segundo puede acabar con una sociedad pues, a veces, tiene la capacidad de controlar a millones de personas con su elocuencia y su habilidad para influenciar.

La sobreprotección produce personas débiles. Y Hitler, si bien no había sufrido grandes traumas en su niñez, fue sobreprotegido por su madre. Su gestión emocional estaba muy comprometida; Hitler no tenía filtro, era una persona privada, introvertida, depresiva, y se sentía disminuido socialmente, lo que más tarde se transfiguró en un complejo de superioridad y en discursos histriónicos.

En los focos de tensión, es decir, bajo ciertas circunstancias, es más fácil domar al cerebro de un humano que al de un animal irracional. La Alemania de aquella época pasaba por el estrés del Tratado de Versalles: fragmentación política, vacío de liderazgo y una altísima inflación. Ese ambiente tenso produjo un Síndrome del Circuito Cerrado de la Memoria colectivo, que disminuyó la consciencia crítica de la población y generó un anhelo por tener un salvador de la patria. Fue en ese clima socialmente psicótico que surgió un orador brillante y teatral, pero también inculto, histriónico y mal preparado para dirigir incluso un *pub*.

Hitler sedujo a la sociedad más culta de su tiempo, la tierra de Kant, Hegel, Schopenhauer. Hizo propaganda, en prosa y verso, sobre cuán humillada había sido Alemania y cuán injustificados eran los pesados impuestos que pagaba por haber perdido en la Primera Guerra Mundial. Estresó al pueblo alemán exhibiendo las amenazas que el país enfrentaba y, al mismo tiempo, exaltando sobremanera la cultura y el coraje de su pueblo: técnicas típicas de los dictadores, las cuales sirvieron para aumentar su índice de popularidad.

Bajo este clima tenso, Hitler incrementó el presupuesto militar de manera irresponsable, armando a Alemania para la guerra. Era un especialista en lanzar las piedras fundamentales de obras sin que hubiera recursos para construirlas. Tenía hábitos nocturnos, cambiaba el día por la noche y carecía de una rutina social. Sólo lo animaban los grandes eventos políticos. Su gestión pública era insostenible, fundamentada en enormes gastos y discursos megalómanos. Su gobierno quizás habría implosionado. Entre otras ambiciones, usó la guerra para perpetuarse como líder.

Si Alemania se inclinó a los pies de un sociópata extranjero, teatral, tosco y sin biotipo ario, ¿qué sociedad estará libre de inclinarse ante nuevos Hitlers en un ambiente de calentamiento global, inseguridad alimentaria, escasez de energía y radicalismo religioso (como el que se abatirá sobre Europa y otros continentes)? Si los alumnos de las escuelas de enseñanza básica y media, así como los universitarios, no aprenden las herramientas mínimas de gestión de la emoción que estamos estudiando, ¿cómo desarrollará la sociedad la consciencia crítica para no dejarse seducir por "salvadores de la patria" que hacen alarde de soluciones mágicas e inhumanas? Sin el aprendizaje sistemático de las TGE en el currículo escolar, nuevos Hitlers ascenderán con mucha facilidad en esta era de las redes sociales. Ésa es otra de mis inquietantes tesis.

El poder, en manos de líderes mal resueltos, fragilizados y acomplejados, aunque pueda estar revestido de heroísmo, se vuelve una bomba emocional. Antes de asumir el cargo, todo político debería pasar por una detallada evaluación psiquiátrica, psicológica y sociológica. Dirigir una empresa, una institución, una ciudad o un país sin haber aprendido las herramientas básicas para ser el líder de la propia mente puede generar graves necesidades neuróticas: de perpetuarse en el poder, de tener siempre la razón, de controlar a los demás y de estar siempre en evidencia social. Sin gestión de la emoción, el proyecto personal se vuelve más importante que el de gobierno, lo cual transforma al líder en un depredador de la sociedad, aunque sus discursos estén disfrazados de altruismo.

El deseo, manifestado por líderes o ejecutivos, de eternizarse en el poder, es una característica de la personalidad enfermiza. Sus reacciones no toman en cuenta el bienestar de la sociedad o de la empresa. Sus actitudes inmediatistas no toman en consideración la sostenibilidad a largo plazo. Se convierten en explotadores de recursos y en devoradores de la salud física y emocional de sus liderados. Son depredadores más voraces que los más voraces felinos en tiempo de escasez.

Así, jamás desarrollan la felicidad inteligente. Desconocen que el poder y el exceso de exposición social asfixian el placer, la tranquilidad, el equilibrio. Una emoción estable y profunda exige dosis generosas de altruismo, autoconocimiento, anonimato. Por eso, quien se expone mucho y no percibe que la grandeza de la vida está en las cosas simples y anónimas pierde el encanto por ella.

Las celebridades tienen una gran desventaja en la conquista de una felicidad inteligente, ya que todos estamos obsesionados desde pequeños por el deseo de ser el centro de las atenciones sociales. Incluso la timidez es un síntoma de dicha dependencia.

Un niño con poder en las manos

Es un hecho político extraordinario y, al mismo tiempo preocupante, que un simple soldado que estaba perdido en las filas del ejército que luchó en la Primera Guerra Mundial se haya convertido en el señor de Alemania quince años después. El primer gran episodio social que hizo que Hitler se agigantara en el inconsciente colectivo de Alemania fue el Levantamiento de Múnich, en 1925, donde una banda de jóvenes se alzó contra el gobierno central. Fueron abatidos. Muchos alemanes típicos huyeron, pero Hitler, un extranjero, fue hecho prisionero.

En su juicio se posicionó como el alemán de los alemanes, aunque no fuera rubio y de ojos azules. Dijo que "sangraría" por una Alemania que siguiera la pauta de la justicia social. Sus declaraciones conmovieron a todos, y fueron un golpe mortal. La prensa siempre debe ser libre, pero no siempre es inteligente. Parte de la prensa alemana se inclinó ante Hitler, y puede ser responsabilizada, en parte, por su ascenso, por haberlo promovido a héroe nacional. Fue en la prisión donde Hitler escribió *Mi lucha,* un libro que contiene falacias sobre la economía y la política de Estado.

En el teatro de la política, la historia y las actitudes de un líder deberían tener un peso cien veces mayor que sus palabras. Sin embargo, y debido a los bajos niveles de gestión de la emoción en el teatro social, asfixiamos la consciencia crítica y perdemos la capacidad de filtrar, lo cual nos lleva a embriagarnos con los discursos electoreros, como un alcohólico con el alcohol. Después de las elecciones, cuando el cerebro cae en la resaca, surgen el sentimiento de culpa y el arrepentimiento. Otra vez afirmo: sin gestión de la emoción, el ser humano es fácilmente seducido.

Alemania había ganado un tercio de los premios Nobel en la década de 1930; fue esa sociedad tan culta la que se embriagó con las palabras de un sociópata, sin filtrarlas. La élite política y empresarial subestimó a Adolf Hitler, creyendo que su histrionismo, teatralidad e inexperiencia harían que no sobreviviera al poder por mucho tiempo. Craso engaño.

En los días actuales, ¿los sociópatas extasían a las masas? Estamos en la era de la democratización de la información. Maravilloso. Estamos en la era de las redes sociales. Genial. Estamos en la era de la libre expresión de las ideas. ¡Excelente! Pero también estamos en una era en que las personas tienen contacto con muchas otras, pero rara vez tienen contacto profundo con alguien. Estamos en una era en que pisamos la superficie no sólo del planeta físico, sino también del planeta psíquico. Estamos en la época del autoabandono, en que pocos interiorizan, filtran estímulos estresantes, elaboran sus experiencias, domestican a sus fantasmas mentales y tienen una mente libre.

Nunca fueron las emociones tan lábiles e inestables. En un momento, un padre es paciente; en el otro, tiene reacciones explosivas. En un momento, un ejecutivo es generoso al explicar la filosofía de la empresa; en el otro, tiene una crisis de ansiedad cuando le llevan la contraria. En un instante, un maestro expone la materia; en el otro, tiene reacciones explosivas porque no logra controlar a la clase. Los maestros en todo el mundo no entienden que, en la actualidad, y debido al Síndrome del Pensamiento Acelerado, es imposible conseguir el silencio total en el microcosmos del salón de clases. Se hace necesario canalizar esa energía hacia la productividad.

Las sociedades modernas se volvieron bipolares emocionalmente. Un pequeño porcentaje de personas padece depresión bipolar, caracterizada por la alternancia de periodos de depresión y euforia, pero muchos de nosotros tenemos una personalidad bipolar, es decir, pasamos del cielo de la tranquilidad al infierno del estrés con gran facilidad. El nivel de tolerancia a las frustraciones es bajísimo en esta sociedad apresurada, consumista, donde el ciudadano parece haberse convertido tan sólo en un número de identidad o de tarjeta de crédito, lo que dificulta el proceso de gestión de la mente.

Me gustaría lanzar una alerta a los maestros y gestores educativos de los países donde este libro sea publicado. Gestionar la emoción es apostar al máximo posible por los alumnos alienados, inquietos, con bajo rendimiento, en fin, aparentemente descalificados. Cuando Hitler era joven, antes de ir a Múnich, en Alemania, intentó inscribirse en la Escuela de Bellas Artes de Viena. Pero el maestro que evaluaba era rígido, inflexible, sólo invertía en los alumnos que encantaban sus ojos; podía entender las artes plásticas, pero desconocía la plasticidad del más increíble de los mundos, el de la emoción; desconocía las herramientas básicas de la gestión de la emoción para ser un formador de pensadores.

El profesor de Viena no supo que tenía en las manos la posibilidad de evitar la Segunda Guerra Mundial. Habría bastado que le diera una oportunidad a ese muchacho tímido y sin rasgos excepcionales. Sin embargo, lo rechazó. Si lo hubiera aceptado entre sus alumnos, tal vez hubiéramos tenido un artista plástico mediocre a los ojos de los críticos, pero quizá no habríamos tenido a uno de los grandes psicópatas de la historia. Un solo profesor hubiera podido salvar decenas de millones de vidas.

En nuestra sociedad digital, los educadores de todo el mundo han perdido prestigio. Las computadoras, el internet y las técnicas multimedia, más que auxiliarlos, los han sustituido. Sin embargo, si consideramos el más excelente programa de entrenamiento y educación humana, la gestión de la emoción, los maestros son simplemente insustituibles. Mi grito de alerta es que la educación mundial tiene que cambiar su gran paradigma y pasar de la era de la transmisión de información a la era del Yo como gestor de la mente humana. En caso contrario, tendremos una humanidad saturada de datos que, sin embargo, perpetuará sus desgracias históricas, como la violencia, la discriminación, la injusticia social y las enfermedades emocionales.

En ese nuevo modelo educativo que propongo, el poder de los maestros no está sólo en enseñar las antiguas funciones cognitivas, como el razonamiento lógico o el pensamiento lineal, sino también en entrenar las funciones no cognitivas, o mejor, las funciones socioemocionales notables, como pensar antes de reaccionar, ponerse en el lugar de los demás, proteger la emoción, ser resiliente, trabajar las pérdidas y frustraciones, pensar como humanidad y no sólo como grupo social. Como maestros de la vida, los profesores siempre fueron, son y serán muy poderosos.

Si tengo razón, a pesar de ser un pensador que vive en un país que no valora la ciencia básica, esas ideas serán las más estudiadas en las próximas décadas y siglos, por todas las naciones. Pero temo que nuestras locuras no permitirán que la humanidad sobreviva hasta allá.

Alerta a los líderes: cinco segundos pueden cambiar una historia, para bien o para mal

¿Qué hace usted en cinco segundos? Tal vez piense que muy poco. Pero me gustaría que se grabara esta tesis psicosocial: en cinco segundos no proferimos un bello discurso, apenas algunas palabras; no hacemos un gran viaje, solamente damos algunos pasos; no desarrollamos un gran proyecto, sólo esbozamos una intención; con todo, bajo el ángulo de la gestión de la emoción, en esa diminuta fracción de tiempo, podemos cambiar una historia para bien o para mal, podemos preservar o destruir una mente, en fin, podemos tener actitudes que provoquen al fenómeno RAM a formar una ventana *killer* doble P, es decir, que tiene el poder de encarcelar al Yo y de realimentar el núcleo traumático.

Cinco segundos son tiempo suficiente para que un padre, en un momento de ansiedad, le diga a su hijo: "Estoy avergonzado de ti"; para que un maestro, en un ataque de ira, le diga a un alumno: "Tú no vas a hacer nada en la vida"; para que un hombre bajo tensión le diga a su compañera: "No sé cómo te soporto". Son declaraciones rápidas, pero con grandes consecuencias emocionales. En el instante en que son pronunciadas, se construyen ventanas traumáticas inolvidables. Alguien podría defenderse diciendo que no tuvo la intención de herir, pero la respuesta del Programa de Gestión de la Emoción para eso es una sola: el infierno emocional está lleno de personas bienintencionadas.

Cierta vez, después de dar una conferencia en uno de los principales órganos del gobierno federal, un líder respetable de esa institución me dijo que, cuando era niño, le encantaba nadar, pero que su entonces profesor de natación, observando sus brazadas en la piscina, le dijo que era un desastre y le aconsejó que desistiera. Esas breves palabras del maestro generaron una ventana *killer* doble P que cerró el circuito de su memoria y secuestró a su Yo. Él jamás volvió a competir. Por fortuna, otra maestra lo salvó. Después de una presentación de un trabajo delante de la clase, ella le dijo: "¡Eres inteligentísimo! ¡Qué notable capacidad para expresar tus ideas!". Y así, él tuvo el incentivo necesario para convertirse en un excelente jurista.

Por lo tanto, ¡cuidado! En cinco segundos, usted puede hacer cosas inimaginables. Para bien, o para mal.

10
Mega TGE: sustentabilidad de las empresas: crecer con la crisis

TGE 1. Entrene las habilidades en tiempos de paz

*L*a psicoterapia se hace solamente en tiempos de conflicto; el *coaching* se hace también en tiempos de paz. La psicoterapia está indicada cuando se instala una enfermedad mental; el *coaching* está indicado para prevenir enfermedades emocionales, financieras, sociales.

La gestión de la emoción nos lleva a amar la tranquilidad, el placer de vivir y la salud emocional de forma tan consciente e inteligente que nos da valor para prepararnos para los tiempos de conflicto, para prevenirlos o minimizarlos. Ésa es una de las lecciones más importantes del ejército romano y de la perpetuación de su imperio. Debemos prepararnos para enfrentar las dificultades que no han surgido, el riguroso invierno que aún no ha despuntado, la crisis que todavía no se ha presentado.

Es más difícil trabajar el éxito que el fracaso. El riesgo del éxito es ser insostenible. Cuando la empresa goza de prestigio y credibilidad, sus productos son deseados por los consumidores, su EBITDA (acrónimo en inglés de ganancias antes de impuestos de la amortización de los intereses) es envidiado, sus acciones aumentan de valor. Es justamente ahí que reside el peligro: el paso siguiente al podio es la decadencia. Y en ese paréntesis de tiempo, en que están celebrando el éxito, los ejecutivos bajan la guardia y no abren el abanico de su mente para pensar en mecanismos sostenibles.

Los buenos líderes corrigen errores; los líderes excelentes los previenen. Cuando el Yo de los líderes reposa en una cuna espléndida, pierde su capacidad de defensa y de reinventarse; no distingue las pequeñas bacterias que lo están infectando, las pequeñas rajaduras que surgen en las vigas de sustentación.

El gran error de un país está en deleitarse cuando su PIB está creciendo. Bajo ese estado de euforia, los políticos no piensan en la próxima generación, gastan de manera irresponsable, no toman medidas para perpetuar el éxito, no piensan en los posibles percances que pueden surgir en un mundo sociopolítico cíclico. Los buenos políticos piensan en la sociedad mientras están en el poder; los políticos brillantes piensan en la sociedad para los próximos cincuenta o cien años.

TGE 2. Entrene para pensar en otras posibilidades

Para anticiparse a las más diversas crisis y conflictos y prevenirlas, no basta con entrenar las habilidades en tiempos de bonanza; es necesario abrir la mente al máximo para pensar en otras posibilidades, liberar la imaginación y oxigenar la creatividad. Para eso, es preciso aquietar los juicios, recoger las armas, confrontar las verdades, romper paradigmas, suavizar las críticas, percibir el movimiento de las hojas antes de que caigan de la copa del árbol.

Quien quiera pensar en otras posibilidades debe tener intimidad con el universo de los cuestionamientos. Tiene que bombardear su cerebro con las preguntas correctas sobre las habilidades de un líder multifocal y eficiente:

1. ¿Soy proactivo o conformista?
2. ¿Libero o asfixio la imaginación de mis liderados?
3. ¿Los inspiro y les paso la misión de la empresa o los bloqueo?
4. ¿Soy democrático o tengo una necesidad neurótica de poder?
5. ¿Tengo sed de actualizarme o soy autosuficiente?

En su percepción personal, si usted falla en una de esas habilidades fundamentales de un líder (ser conformista o asfixiante, por ejemplo), puede comprometer e incluso sabotear su carrera o su empresa.

Pero ¿dónde están los líderes, ejecutivos, gerentes o miembros del consejo de una empresa que tienen el coraje de someterse a una autoevaluación y a la evaluación de sus liderados? Si fueran gestores de su emoción, sabrían que no perderían su respeto, incluso si salen mal en la evaluación, sino al contrario, consolidarían su credibilidad. Si los padres y los maestros hicieran esa evaluación, revolucionarían igualmente su capacidad de pensar en otras posibilidades, de anticiparse a los hechos y prevenir los errores.

En segundo lugar, es necesario cuestionarse sobre las habilidades socioemocionales de las empresas:

1. ¿La empresa tiene una misión definida en el teatro social? ¿Para qué existe? ¿Cuál es su proyecto socioemocional? ¿Existe sólo para obtener un lucro financiero o para promover la humanidad?

2. ¿Cuida la empresa el bienestar de sus trabajadores, promoviendo su felicidad inteligente y su salud emocional?

3. ¿Qué riesgos corre la empresa en el presente, en los próximos diez años y a larguísimo plazo?

4. ¿Comunica claramente la empresa a sus trabajadores sus necesidades vitales, entre ellas la de ser rentable?

5. ¿Estimula la empresa a sus trabajadores para optimizar los procesos?

6. ¿En qué área es la empresa lenta e ineficiente?

7. ¿En qué área es vencedora, pero podría ser todavía más eficiente?

8. ¿Incentiva la empresa a sus trabajadores a ser proactivos, a debatir las ideas y correr riesgos para volverla más productiva?

9. ¿Se preocupa la empresa sólo por el salario de sus trabajadores, o educa su emoción para que ellos se identifiquen con su misión?

10. ¿Alienta la empresa a sus trabajadores a contribuir a prevenir los errores o, como mínimo, a corregirlos?

Si la empresa falla en por lo menos dos de esas habilidades, enfrentará serios riesgos para ser sostenible a mediano y largo plazo. Es posible crear muchas encuestas y procesos de evaluación a partir de esta Mega técnica de Gestión de la Emoción, cuyo objetivo central es construir un sistema de anticipación de los hechos y, en consecuencia, de prevención de fallas, ineficiencia e insolvencia. Esas habilidades son tan revolucionarias que pueden transformar el caos en oportunidades creativas y hacernos crecer ante las crisis. Si todos los trabajadores participaran de esa evaluación y aprendieran a tener una mente preventiva, se desarrollaría una inteligencia colectiva. En la inteligencia colectiva no hay trabajadores, sino células humanas que participan en el cuerpo de la empresa. La inteligencia colectiva sólo es posible si hay un entrenamiento, complicidad, misión y gestión de la emoción. Esto es más importante para la sostenibilidad de una empresa que la inteligencia fenomenal de algunos ejecutivos.

Nuestra mente tiende a crear vicios de lectura en la memoria, llevándonos siempre a pensar de la misma manera, a interpretar los hechos a partir de los mismos criterios y a reaccionar a los eventos del mismo modo. Antes incluso que un padre comience su sermón, el hijo ya sabe todo lo que se le vendrá encima. Al comienzo de una discusión, las parejas muchas veces ya saben lo que el otro va a reclamar. Y no pocos ejecutivos, al tomar la palabra, ven a sus colaboradores bostezar, si bien discretamente, pues ya saben de corrido las ideas y el timbre de voz del jefe y las presiones que sufrirán.

Las mentes rígidas son especialistas en asfixiar la emoción y abortar la capacidad de sus liderados de pensar en otras posibilidades. Ser un profesional que provoca a su personal a expresar sus ideas sin miedo, ser un amante que abraza más y condena menos, ser un padre que apuesta por sus hijos incluso cuando tropiezan hace toda la diferencia para formar líderes preventivos, proactivos y creativos.

No sólo las mentes rígidas paralizan la capacidad de su equipo de colaboradores, también las mentes bipolares lo hacen. Algunos gerentes, aunque no padezcan de una depresión bipolar, tienen comportamientos bipolares: ora son detallistas, ora dejan pasar un elefante; ora son simpáticos, ora son irritantes; ora son tolerantes, ora son implacables.

Ser un líder no anula la sensibilidad ni elimina la poesía; al contrario, las nutre. Quien sólo mira con los ojos de la cara no ve el dolor callado de sus hijos, su pareja, sus amigos o sus colaboradores. Juzga los comportamientos, actúa sobre los síntomas, pero nunca sobre las causas.

¿Qué tipo de líder está usted formando?

11
El pensamiento y la consciencia: la última frontera de la ciencia

La mente humana: una zambullida en lo desconocido

*L*as escuelas secundarias, las universidades, empresas e instituciones con frecuencia vuelven rígida la mente humana sin darse cuenta, no estimulan la lectura multifocal y multiangular de la memoria a fin de liberar la imaginación y producir nuevas ideas. El currículo de las facultades de psicología, derecho, sociología o pedagogía transforma a los alumnos en espectadores pasivos del conocimiento y no enfatiza el arte de la duda, el debate, la osadía, la proactividad y la comprensión básica del pensamiento como instrumento de la producción de conocimiento, puede convertirse en un cementerio de mentes creativas.

La creatividad nace en el terreno del estrés y la inquietud, aunque éstos sean mínimos. Anclar la mente a la misma monotonía asfixia la imaginación, amordaza la curiosidad, encadena la capacidad de pensar en otras posibilidades, sepulta los más bellos proyectos de vida.

Mi automapeo

A lo largo de más de tres décadas, a pesar de mis innumerables defectos, utilicé diversas herramientas que están en la base de la producción de nuevas ideas; me apasioné por lo desconocido, enfrenté el caos propiciado por el arte de la duda, fui íntimo del arte de las preguntas, procuré ser fiel a mi propia consciencia, liberé la imaginación, calibré el proceso de observación, el levantamiento de datos y la libre interpretación. Además, me atreví a pensar, a explorar, a mapear mis creencias limitantes; tuve un estrecho contacto con mi pequeñez y mi estupidez.

Y, para coronar toda esa jornada, enfrenté los valles sórdidos de los rechazos por pensar fuera de la curva. Recuerdo que, hace muchos años, después de haberme graduado de la facultad de medicina, busqué una universidad pública para continuar mi producción de conocimiento. Ante un docto profesor que me evaluaba, dije: "Me gustaría investigar sobre el proceso de construcción de pensamientos, la formación de la consciencia existencial y la estructuración del Yo". Él, asustado, me interrumpió y dijo irónicamente: "¿Usted quiere investigar o ganar el premio Nobel?".

Comencé a entender entonces el calvario por el que tuvieron que pasar los constructores de una teoría, como Freud, Jung, Vygotsky, Kant, Sartre, Hegel, a lo largo de la historia. Entendí por qué produjeron conocimiento fuera de los muros de una universidad y sólo después entraron. Comprendí que era imposible producir, en una tesis de doctorado, una nueva teoría sobre la compleja frontera de la ciencia a la que yo me dedicaba.

Una teoría es multiangular, abarca muchas cosas, es fuente para muchas tesis. Yo tenía ya cerca de cuatrocientas páginas escritas y dos caminos: seguir el ritual académico que, en ese caso, reduciría muchísimo mi foco de investigación, para producir una tesis de doctorado; o correr todos los riesgos para producir conocimiento en un solo vuelo y después regresar al templo de las universidades. Elegí la segunda opción, incluso sabiendo que corría un riesgo altísimo de desperdiciar años o décadas de mi historia sin llegar a ningún lugar. Sin embargo, quien vence sin riesgos triunfa sin gloria.

Mi proceso de producción de conocimiento se inició en medio de un caos emocional: al comienzo del tercer año de facultad, viví el drama de una crisis depresiva. Entonces descubrí que las lágrimas que nunca tuvimos el coraje de escenificar en el teatro de nuestro rostro son las más dolorosas de las que serpentean por la cara. Pensamientos perturbadores, desánimo, sufrimiento por anticipación, miedo al futuro, contracción del sentido existencial llenaron mi mente de pavor. Perdí la ligereza de la vida y el humor triste se convirtió en mi menú diario.

Desde muy temprano, entendí que el dolor nos construye o nos destruye, nos libera o nos asfixia, nos da valor o nos inhibe. No es defendible que el dolor equilibre y haga madurar espontáneamente al ser humano a medida que éste se embriaga de él con los años. Si no aprendemos a reciclar nuestra emoción, el dolor nos bloquea y nos encierra.

Más adelante, confirmé mi sospecha al avanzar en mi producción de conocimiento sobre el funcionamiento de la mente. Descubrí que, debido al hecho de que el registro en la memoria es rapidísimo y prescinde de la autorización del Yo, con frecuencia el sufrimiento, las crisis, las pérdidas, las dramáticas frustraciones tienden a formar ventanas *killer* doble P que retroalimentan núcleos traumáticos, los cuales nos encierran en el territorio de la emoción.

Mi Yo fragmentado y frágil tuvo que tomar una decisión, y ésta fue no someterme a la cárcel del dolor y utilizar el caos como la más excelente oportunidad para pensar en otras posibilidades y reconstruirme. Fue mi primera gran Técnica de Gestión de la Emoción. Por lo tanto, el sufrimiento fue mi gran maestro, mi amargura y, al mismo tiempo, la dulce herramienta para penetrar en las capas más profundas de una persona tan conocida en la superficie y tan desconocida íntimamente: yo mismo.

La crisis emocional me llevó, intuitiva y paulatinamente, a vivenciar todas las etapas de la Mega TGE de la promoción de la salud emocional y de la superación de las crisis. Para sobrevivir a mi conflicto y superarlo, desarrollé la autoconsciencia, hice muchas preguntas para entender quién soy, qué son los pensamientos y las emociones, así como su naturaleza, y cuáles son los fenómenos que los construyen, por qué no los gestiono, por qué soy un esclavo que vive en una sociedad libre, por qué soy un conductor de autos, pero no de mi mente.

Preguntas y más preguntas abrieron las compuertas de las dudas. Fue un acontecimiento sin par saber cuán desconocido era para mí mismo. El día en que usted se empape en ese torrente de ideas, si es que no lo ha hecho, entenderá que el estatus, el domicilio y los papeles sociales en modo alguno nos identifican íntimamente.

Sobre los cimientos del arte de la pregunta, la autoconsciencia me llevó a hacer un automapeo de mis penurias, me condujo al descubrimiento de varios de mis fantasmas mentales: humor deprimido, autocastigo, conflictos, "locuras", convicciones fútiles. Ese autoconocimiento fue espectacular, un renacimiento existencial. Perdí el miedo a ser un humano imperfecto y a colocarme en estado continuo de construcción. Por eso, siempre que es posible, expongo algunas de las entrañas de mi historia en mis libros. Y usted, ¿ya perdió el miedo?

El automapeo sistemático me condujo a desarrollar algunas metas claras. Yo sabía dónde estaba, sabía que no tenía protección emocional ni capacidad de gestionar mis pensamientos, y tenía idea del sitio al que quería llegar, por lo menos en algunas áreas. Así, al final del tercer año de facultad, ya con algunos cuadernos escritos a mano, se manifestó en mí el deseo de ir mucho más allá del mero estudio de los órganos. Soñé no sólo con ser un profesional de la salud mental, sino también con producir conocimiento sobre la mente humana. Ya había superado mi crisis emocional, pero ahora tenía otro conflicto que vencer: producir una nueva teoría sobre la construcción de pensamientos en un país que no le da valor a la ciencia básica.

Esa meta clara me indujo a tener enfoque y disciplina. ¿Para qué enfoque y disciplina? Para seguir preguntando, observando, escribiendo, criticando y reescribiendo continuamente mis ideas, herramientas que hicieron toda la diferencia en mi producción de conocimiento. Escribo y reescribo por lo menos diez veces cada texto; intento traducir los conocimientos complejos a un lenguaje accesible, democrático, metafórico. Esas actitudes incentivaron a mi Yo a dejar de ser frágil, inseguro, a tomar decisiones y asumir las pérdidas inherentes a ellas, en fin, a abandonar lo trivial para alcanzar lo esencial.

Delirio o no, esa meta me controló. Recuerdo una escena de esa época. Yo estaba tomando un jugo con mi novia, que cursaba el segundo año de la Facultad de Medicina de San José de Río Negro, mientras que yo iba en el cuarto año; al sacar el dinero para pagar, un pedazo de papel cayó de mi bolsillo: uno de los cientos de anotaciones resultantes de mis observaciones de comportamientos, míos y de otros, que contenía los barruntos de la Teoría de la Inteligencia Multifocal, cuyas bases está usted estudiando en este libro. Intenté advertirle a mi novia: "Yo no soy muy normal. Si quieres seguir conmigo, es bueno que sepas que estoy construyendo conocimiento sobre el proceso de la formación de la personalidad".

Ella me miró y creyó que yo era extraño. Estoy seguro de que pensó que se trataba de alguna fiebre que pronto pasaría. Nos enamoramos, nos casamos y esa fiebre nunca pasó. Al contrario, a lo largo de los años no hizo más que aumentar, llevándome a escribir más de tres mil páginas, parte de ellas publicadas en mis cuarenta libros, parte todavía inédita.

Un dato interesante: durante la facultad, en la década de 1980, yo parecía un loco, escribía por horas al hilo en una sala aislada de la dirección académica, repleta de cajas de medicinas (las muestras gratuitas) amontonadas por el suelo. Era un lugar tétrico, casi nadie lo frecuentaba. Pero para mí era el sitio más agradable, el lugar donde encontraba la dirección más importante, una que pocos encuentran en su vida: la dirección de la soledad. Muchos le tienen pavor a la soledad, pero no hay creatividad sin establecer intimidad con ella.

La soledad creativa es una de las preciosas herramientas para la gestación de las ideas. Nunca hubo tantas personas mentalmente estériles como hoy, no porque sean incapaces de construir conocimiento, sino porque son incapaces de quedarse a solas, de sumergirse dentro de sí mismas y encontrar sus fantasmas mentales.

Mi temor es que la generación digital esté experimentando el bloqueo colectivo de la interiorización saludable, aunque haya excepciones. Las redes sociales dan la falsa impresión de promover la socialización —ya que se entra en contacto con muchas personas, pero rara vez en profundidad con alguien y, todavía peor, consigo mismo—, y el uso de *smartphones* contrae la socialización concreta y promueve la timidez. Ésta induce a la interiorización, pero no siempre a la interiorización saludable (la que nutre la inventiva, la proactividad y el atrevimiento), sino la que nutre la inseguridad, la fobia social, el miedo de expresarse en público. Por lo tanto, los *smartphones* asfixian a la soledad creativa. Nunca una herramienta tan útil bloqueó tanto a la mente humana, dificultando enormemente la solución de problemas y la superación de conflictos.

La unidad fundamental de la mente del *Homo sapiens*

Vivir íntimamente la soledad creativa me llevó a un descubrimiento increíble: la unidad básica de la mente o de la psique humana. ¿De qué ladrillos están constituidos nuestros juicios, observación, levantamiento de datos, análisis, interpretación, crítica, apoyo, exclusión? Es difícil responder esa pregunta, porque no estudiamos sistemáticamente esa unidad especial, que nos convierte en seres pensantes. Eso causó una grieta en las ciencias humanas, dificultando, por ejemplo, la elaboración de herramientas para prevenir los trastornos mentales y la violencia social, para formar pensadores, para liberar la imaginación.

Antes de hablar de la unidad básica de la psicología, comentaré rápidamente la unidad básica de la biología, la célula. Estudiar la célula fue, y continúa siendo, vital para que la humanidad diera un salto en la producción de alimentos. Hasta el siglo XIX, la humanidad nunca había superado los ochocientos millones de habitantes. ¿Por qué? Porque el hambre formaba parte del menú de las sociedades. No había técnicas superdesarrolladas de cultivo, combate de plagas, manejo de las plantas, almacenamiento de granos. La escasez de alimentos era un fantasma en la vida de los pueblos.

Estudiar la célula propició también notables conocimientos que revolucionaron la medicina, la odontología, la

fisioterapia, y permitieron la producción de vacunas y anti-
bióticos. Piense que una simple infección bacteriana podía
llevar a la muerte.

El estudio de la unidad básica de la materia, el átomo,
causó una revolución tecnológica. De los celulares a los sa-
télites, de la producción del acero a la construcción civil,
de las computadoras al internet, todo se derivó del crisol de
conocimientos extraídos del diminuto átomo.

Regreso a mi pregunta: ¿cuál es la unidad esencial de la
psicología, de las ciencias jurídicas, de la sociología de la pedagogía, en fin, de las ciencias humanas? He planteado este
cuestionamiento a audiencias de jueces, psicólogos y peda-
gogos, y nunca encuentro a alguien que sepa responder.

La unidad básica de la mente humana es el pensamiento. Los pensamientos son los cimientos y los ladrillos de
todo tipo de conocimiento: de los lúcidos a los estúpidos,
de las ideas inteligentes a las perturbadoras, de las ciencias humanas a las lógicas. Los pensamientos también
son los caminos de las emociones. Se piensa en el futuro
y después se sufre por anticipación. Se piensa en la discriminación y se experimentan angustias. Alegría y tristeza,
euforia y humor depresivo, placer y angustia, aplausos y
abucheos, autoestima y autocastigo, amor y odio, en fin, el
universo de las emociones depende de los caminos de los
pensamientos.

Así, la gestión de la emoción depende directamente de
la gestión de los pensamientos. El Yo necesita dar un golpe
de lucidez a los pensamientos débiles, autopunitivos, radicales, pesimistas, para liberar a la emoción de su cárcel.

Pero ¿en qué empresa o universidad se enseña al Yo a dejar de ser un mero espectador pasivo y a confrontar, criticar y dudar de los pensamientos que actúan en nuestra mente?

Primero se piensa, después se siente; salvo cuando ocurre una alteración metabólica cerebral, propiciada, por ejemplo, por las drogas psicotrópicas, como un ansiolítico o la cocaína. En ese caso, al principio la droga excita el territorio de la emoción para, en una fracción de segundo, estimular la producción de pensamientos. Pero éstos, una vez construidos, siguen ejerciendo su papel vital de nutrir las emociones.

Piense en un consumidor de drogas que acaba de experimentar con la cocaína. Primero, su emoción se estimula, abriendo enseguida diversas ventanas de su memoria, algunas *killer*, que propician pensamientos paranoicos. Éstos, a su vez, excitan de inmediato a la emoción, interfiriendo en el comportamiento del consumidor y llevándolo a angustiarse con ideas de persecución, por ejemplo.

De la misma forma, el pensamiento está en la base de las motivaciones. Ánimo y retracción, repulsión y deseo, inspiración y bloqueo, valentía y cobardía, determinación e inestabilidad dependen de la calidad de los pensamientos. Si usted detecta a alguien que está siendo golpeado por la cobardía, la falta de garra y el desánimo, no condene su motivación fragmentada; observe que su Yo ha sido estéril para calificar sus pensamientos.

El pensamiento es también el sustento de la consciencia existencial. Si usted piensa, la consciencia viene a la luz de la existencia; si deja de pensar, la luz se apaga. Si usted duerme, la luz intelectual se corta, pero si sueña, ella vuelve a iluminar su mente, aunque sea con películas de terror. Nada es tan misterioso como la consciencia humana. Las computadoras jamás existirán por sí mismas, aunque puedan simular comportamientos humanos.

Usted es único en el mundo, un actor social inigualable, poseedor de una personalidad compleja con características particulares, detentor de una identidad exclusiva, porque tiene consciencia existencial. Cuando usted sufre, todo el Universo sufre, o por lo menos su consciencia siente como si así fuera, pues su dolor es el único que usted logra vivenciar. Y cuando usted siente el dolor del otro, ese dolor es suyo y nunca del otro. Cuando usted ama, todo el Universo está repleto de placer. Al menos para su consciencia, aunque sea humilde y altruista, usted es el centro del Universo.

Hace tres décadas que vengo estudiando sistemáticamente el pensamiento —no como impulsos nerviosos, sino su abstracción—, sus tipos, sus procesos de construcción, su alcance, su validez, su naturaleza y su praxis, en fin, sus fundamentos cognitivos. Estoy convencido de que el pensamiento representa la última y más importante frontera de la ciencia. Lo afirmo no porque sea mi campo de estudio, sino porque, como vimos, es el cimiento de todos los tipos de conocimiento: de la ciencia, de las religiones, de la psicología, de la ingeniería, de las artes y de las guerras. A continuación, estudiaremos en forma sintética los tipos de pensamiento y sus implicaciones para la gestión de la emoción y el desarrollo del raciocinio y del desempeño personal y profesional. Creo que usted se sorprenderá.

12

Los tres tipos de pensamiento: las bases de la gestión de la emoción

La consciencia sobrevive de fenómenos inconscientes

L a próxima Mega TGE exigirá del lector paciencia y una mente abierta. Comprender en forma mínima los fenómenos inconscientes nos hará distinguir por qué el sistema educativo actual, aunque compuesto de profesionales de altísima importancia, está enfermo, formando personas enfermas en una sociedad enferma. También nos hará percibir por qué es tan fácil caer en trampas mentales y asfixiar nuestro raciocinio.

Toda consciencia nace y está cimentada por fenómenos inconscientes que ocurren en pequeñísimas fracciones de segundo, casi a la velocidad de la luz, imperceptibles a nuestro raciocinio. Sin embargo, no sólo de pensamientos conscientes sobrevive la consciencia humana —que propicia la comprensión de quiénes somos, dónde estamos, qué hacemos, cuáles son nuestros papeles sociales, cómo interpretamos los innumerables eventos diarios—, sino también de fenómenos inconscientes, increíblemente veloces y tremendamente eficientes.

Usted puede creer que hasta hoy no ha realizado algo grandioso en la vida si, por ejemplo, no construyó una gran empresa ni produjo conocimiento científico innovador. Se engaña. Cada vez que produce un simple pensamiento, sea lúcido o no, usted lleva a cabo fenómenos fascinantes, admirables y sorprendentes. Pensar es rebelarse contra la cárcel de la monotonía, es construir ladrillos que solidifican la consciencia de que cada uno de nosotros es único en el teatro de la existencia.

Los tipos de pensamiento que actúan en el teatro mental: esencial, dialéctico y antidialéctico

¿Cuántos tipos de pensamiento hay en la mente humana? Ésa es una cuestión vital que debe ser respondida para que las ciencias avancen, para que la educación clásica mundial se convierta en un granero de pensadores y no de repetidores de datos. Los grandes estudiosos del psicoanálisis, de la teoría conductual, cognitiva, existencialista no tuvieron la oportunidad de estudiar sistemáticamente la unidad básica de la psique humana, el propio pensamiento, bajo el ángulo del funcionamiento de la mente, y se enfocaron en las neurociencias, en los estímulos neurológicos.

Durante más de dos décadas de bombardeo de preguntas, observación, interpretación, análisis, autocrítica y ruptura de paradigmas, llegué a la conclusión de que hay tres tipos fundamentales de pensamientos: dos conscientes y uno inconsciente. ¿Hay otros? Tal vez, pero dentro de mis limitaciones como teórico del desarrollo de la inteligencia, llegué a estos tres tipos: el pensamiento esencial, que es inconsciente; y los pensamientos dialéctico y antidialéctico, que son conscientes. Vamos a atenernos a los pensamientos conscientes y a verificar algunas serias implicaciones de su uso.

Los maestros administran conocimiento en el salón de clases sin cuestionarse si hay más de un tipo de pensamiento y, por lo tanto, sin reflexionar si están usando las mejores técnicas para liberar la imaginación y desarrollar el razonamiento complejo de los alumnos. Simplemente usan el pensamiento capitaneado por las palabras y por los textos de los libros para desarrollar las funciones cognitivas de los jóvenes, como el razonamiento, sin darse cuenta de que están utilizando el más restringido de los pensamientos, el pensamiento lógico/lineal, al que llamo dialéctico. Esos maestros no tuvieron la oportunidad de aprender que las complejas funciones no cognitivas, como gestionar la emoción, tener compasión, ponerse en el lugar del otro y ser proactivo, dependen en gran parte de otro tipo de pensamiento, el antidialéctico, que no respeta la linealidad del pensamiento lógico y, por eso, es más rebelde, difícil de controlar.

Muchos padres corrigen a sus hijos sin reflexionar sobre el instrumento de corrección que están usando. No tienen la mínima consciencia de que actitudes como juzgar, señalar fallas y elevar el tono de voz sobrevaloran el más pobre de los pensamientos, el dialéctico que, por ser unifocal y lógico, considera excesivamente el comportamiento externo y no los conflictos que motivan ese comportamiento.

Tales padres desconocen que, bajo el enfoque de la gestión de la emoción, deberían usar también el pensamiento antidialéctico para pensar antes de reaccionar y mirar a sus hijos con generosidad. De ese modo, estarían en posibilidades de ver lo que está detrás de la cortina de los errores de sus hijos. Los padres que son excesivamente lógicos, cartesianos, en fin, dialécticos, también son intolerantes y, al corregir los efectos en vez de atacar las causas de determinados comportamientos, bloquean la formación de mentes libres, resilientes y maduras. Los distintos tipos de pensamientos pulen de manera diferente el mármol y generan diferentes obras de arte.

En el campo profesional, los ejecutivos establecen metas, motivan, capacitan y presionan a sus liderados sin pensar el propio pensamiento, es decir, sin reflexionar sobre el tipo de pensamiento que tiene mayor envergadura, alcance, creatividad, atrevimiento. Por ser marcadamente lógicos y sobrevalorar los números, muchos ejecutivos son verdugos de sus colaboradores y asfixian las mejores habilidades que ellos poseen, en vez de liberar su potencial creativo. Por no saber usar el pensamiento antidialéctico para llevarlos a atreverse y a reinventarse, están aptos para lidiar con productos, pero no con los seres humanos que los producen.

Hay psiquiatras y psicólogos clínicos que interpretan los comportamientos de sus pacientes e intervienen en sus trastornos mentales usando exhaustivamente el pensamiento lógico/dialéctico, sin entender las trampas que éste encierra. Algunos encuadran a sus pacientes en su teoría y diagnóstico cuando, en realidad, deberían poner la teoría y su diagnóstico dentro del paciente, individualizando su complejidad. Si aplicaran el Programa de Gestión de la Emoción, esos especialistas tendrían más recursos para liberar el pensamiento antidialéctico, ponerse en el lugar de los pacientes, distinguir lo invisible y equipar el Yo de sus pacientes para que cada uno fuera, dentro de lo posible, autor de su propia historia, reeditor de conflictos, gerente de su mente.

El *Homo sapiens* y sus pensamientos

El pensamiento dialéctico y el antidialéctico son las dos formas fundamentales del pensamiento consciente. Ellos dan sustentabilidad a toda consciencia existencial, incluso en los sueños, cuando el Yo deja de tener la lectura multifocal de la memoria y pierde gran parte de los parámetros de la realidad.

Cada tipo de pensamiento, dialéctico y antidialéctico, tiene múltiples subformas de expresarse; representan la materia prima de todo proceso cognitivo, de las más variadas clases de raciocinio, de las simples a las complejas, de las deductivas a las inductivas, de las lógicas a las abstractas. Los pensamientos dialécticos y antidialécticos son también los ladrillos del conocimiento que producimos sobre nosotros mismos (autoconocimiento), sobre el mundo social (conocimiento interpersonal) y sobre todo el universo físico.

El pensamiento dialéctico es lógico, unifocal, unidireccional y bien formateado, producido a partir de los símbolos de la lengua (del lenguaje de señas, en el caso de las personas con deficiencia auditiva). Parece el más notable de todos los pensamientos conscientes, pero en realidad es el más rígido de ellos, aunque sea utilizado en la escritura, en los diálogos y en los debates. En general, surge cuando el bebé es expulsado hacia el útero social y comienza a tener contacto sensorial con millones de estímulos externos, a través del comportamiento de los padres o responsables, profesores, hermanos, compañeros de escuela. Todo ese *pool* de estímulos es archivado por el fenómeno RAM, proveyendo las innumerables ventanas o archivos de la corteza cerebral.

Nutriéndose de esas ventanas, el pensamiento dialéctico se convierte poco a poco en fuente de la expresividad lógica del Yo, capaz de desarrollar el raciocinio cohesivo, la comunicación interpersonal, el procesamiento de las palabras, el proceso de interpretación. Se convierte, en fin, en la base del lenguaje, de la escritura, de las hipótesis, de los discursos, del diálogo.

Sin la psicolingüística del pensamiento dialéctico, que se manifiesta exteriormente por las señales (lenguaje gestual) o por los pronombres asociados a los verbos, sustantivos, adjetivos (lenguaje fonético), no tendríamos una identidad sólida, no podríamos saber quiénes somos, qué queremos, dónde estamos y adónde deseamos llegar. No tendríamos una relación espacio-temporal ni una individualidad en el teatro social, mucho menos una capacidad eficiente de comunicación interpersonal e intrapsíquica.

A pesar de criticar el uso excesivo del pensamiento dialéctico por parte de los padres, maestros, ejecutivos y profesionales de la salud mental, no podemos menospreciar la importancia de este tipo de pensamiento. Por más unifocal, lineal y unidireccional que sea, sin él, la consciencia existencial sería, metafóricamente hablando, una central de "energía eléctrica" sin cables conductores. De hecho, sin el pensamiento dialéctico, el Yo no sabría expresarse, construir puentes consigo mismo y con el mundo, no sabría juzgar, analizar, deducir, concluir, apoyar, ni tendría sentimientos como los celos, la ira, la generosidad.

Sin embargo, y reitero, el énfasis en el pensamiento dialéctico puede conducir a una racionalidad estrictamente lógica e inhumana que propicia, por ejemplo, el radicalismo, el prejuicio y la exclusión de las minorías. Es bueno no esperar mucho de las personas excesivamente dialécticas, que desprecian el pensamiento antidialéctico: tarde o temprano, le sorprenderán negativamente, le decepcionarán, le herirán o terminarán la relación.

A su vez, el pensamiento antidialéctico es multiangular, multifocal, multidireccional. Constituye la base de todo el imaginario, es capaz de vivenciar la emocionalidad humana con más profundidad. A diferencia del pensamiento dialéctico, el antidialéctico no necesita símbolos o lenguaje de señales para desarrollarse. Es intrínseco a la mente humana, es la esencia de la imaginación; por lo tanto, está ya poderosamente presente en la aurora de la vida fetal, a partir de la acción del fenómeno RAM, creando las primeras ventanas de la memoria con los movimientos, la succión del dedo, las experiencias del bebé en formación. Sin embargo, es sólo cuando el pensamiento dialéctico en la vida extrauterina gana musculatura y el Yo se forma, que el pensamiento antidialéctico sale de la esfera del subconsciente y gana un estatus consciente. Miles de imágenes transitan a diario por la mente de todo ser humano, de un psiquiatra a un paciente, de un intelectual a un iletrado, revelando que ella es una central de pensamientos antidialécticos, donde anticipamos el futuro, rumiamos el pasado o rescatamos a las personas en nuestra imaginación. Y esa central, si es liberada y enriquecida, es la que dará relevancia al pensamiento dialéctico: a los debates, a la escritura, al diálogo con los demás y con uno mismo. Todo eso es muy difícil de comprender, pero somos extremadamente complejos; por eso, jamás se desprecie o se disminuya ante ningún ser humano, sea un rey o el presidente de una nación.

A lo largo del desarrollo de la personalidad del individuo, el pensamiento antidialéctico debería ser incentivado, robustecido y enriquecido por el arte de la pregunta, de la duda, por la transferencia del capital de las vivencias de los padres a sus hijos y también por programas que enfaticen con fuerza las funciones "no cognitivas". La empatía, la generosidad, la tolerancia, la resiliencia, la autoestima, la gestión de la ansiedad y la proactividad dependen de los cimientos del pensamiento antidialéctico.

El cambio de era en la educación

En mi opinión, la educación mundial necesita una cirugía en su currículo. Debe pasar de la era de las funciones estrictamente cognitivas a la de las funciones no cognitivas; de la era del énfasis en el pensamiento lógico/dialéctico a la del énfasis en el pensamiento antidialéctico/imaginativo; de la era de la exteriorización a la de la soledad creativa; de la era de la memoria como depósito de datos a la de la eficiencia en la organización de datos.

Einstein tenía menos información que gran parte de los físicos y de los ingenieros de la actualidad, pero fue una de las mentes más brillantes de la historia. ¿Por qué? No "culpe" a la cantidad de neuronas ni al tamaño del almacén de su memoria. Culpe, en el buen sentido, al pensamiento antidialéctico que él desarrolló intuitiva y fuertemente, incluso sin darse cuenta.

Es preciso tener un nuevo umbral para la humanidad: la era de la gestión de la emoción.

El pensamiento dialéctico necesita del pensamiento antidialéctico para tener profundidad; en caso contrario, se vuelve superficial, parcial, frío. Para el pensamiento dialéctico, una persona que muere es un número; para el pensamiento antidialéctico, es un ser humano único que ha cerrado los ojos. Para el pensamiento dialéctico, el consumidor forma parte de una estadística; para el pensamiento antidialéctico, es un mundo por descubrir, con necesidades individuales.

A su vez, el pensamiento antidialéctico también necesita del pensamiento dialéctico para ser fuente de inventiva productiva y útil; de lo contrario, provoca el desarrollo de una imaginación autodestructiva.

No basta con tener una riquísima imaginación creativa si no hay lucidez ni coherencia. Nadie es tan creativo como un paciente que entra en un brote psicótico, de cuyo escenario mental antidialéctico forman parte persecuciones increíbles, creencias estrafalarias, imágenes aterradoras, personajes implacables. Sin el pensamiento dialéctico, la imaginación humana es una locomotora sin rieles. Las funciones cognitivas deben caminar lado a lado con las funciones no cognitivas.

El pensamiento esencial: el fundamento de los pensamientos conscientes

Existe otro tipo primordial de pensamiento, el esencial, que también está presente en los albores de la vida fetal. Es inconsciente y está en la base de la formación del pensamiento antidialéctico y, posteriormente, del dialéctico. En realidad, el pensamiento esencial es el primer resultado de la lectura de la memoria. Cuando el gatillo de la memoria se dispara ante una flor, por ejemplo, y abre una ventana en la corteza cerebral, los primeros pensamientos que se producen en milésimas de segundo no son conscientes —por lo tanto, no son dialécticos ni antidialécticos—, sino esenciales, inconscientes; fracciones de segundo después, cuando el Yo lee el pensamiento esencial, produce el espectáculo de los pensamientos conscientes: interpretaciones, entendimiento, definición, conceptuación. Es en ese momento que el significador, el Yo, distingue lo significante, la flor, y la diferencia de millones de otros objetos.

El sujeto que da significado al mundo, el Yo, necesita, a través de la construcción de pensamientos conscientes, leer el pensamiento inconsciente a una rapidez increíble para operar esa construcción. ¿Cómo lo hace? No lo sabremos ni en millones de años. ¿Por qué? Porque cada pensamiento sobre esos fenómenos del pre-pensamiento o de la pre-consciencia es elaborado y no se compone de sólo fragmentos.

Como el mundo de los pensamientos es un asunto que suele generar dudas, incluso entre los alumnos posgraduados *stricto sensu*, a los cuales doy clases, usaré una metáfora que puede ser reveladora para explicar las formas de pensamiento. Imagine un cuadro con imágenes de árboles, un lago, una casa y montañas. ¿Qué representa en ese cuadro el pensamiento esencial, el dialéctico y el antidialéctico?

El pensamiento dialéctico es la descripción objetiva del cuadro: la cantidad y la forma de los árboles, las dimensiones y los colores del lago, el estilo arquitectónico de la casa, la anatomía de las montañas. Cada discurso, hipótesis, análisis y síntesis sobre el cuadro entra en la categoría de los pensamientos lógicos/lineales/dialécticos.

El pensamiento antidialéctico está representado por el cuerpo de las imágenes que contemplamos sin necesidad de descripción; por lo tanto, es mucho más amplio y difícil de controlar que el dialéctico. Expresa la arquitectura multiangular y multifocal que encanta a los ojos, revela sus matices, desvela el telón de fondo de millones de detalles unidos. Recuerde que tanto el pensamiento dialéctico como el antidialéctico son dos formas de pensamiento consciente y, por lo tanto, virtual.

¿Y cómo está representado en el cuadro el pensamiento esencial, inconsciente? Es el pigmento de la pintura, todos los átomos y moléculas que fueron pincelados e impregnaron la tela. Es la única cosa real, concreta que existe en el cuadro. De hecho, no existen árboles y lagos, sino pigmentos sobre el lienzo de la "memoria". Así, la conclusión es que la consciencia depende del inconsciente (pigmento) y los pensamientos dialécticos y antidialécticos dependen de la "pista de despegue" del pensamiento esencial para existir y levantar el vuelo en el psiquismo.

Todos los dictadores son lineales

Los aplausos, el reconocimiento y la notoriedad pueden llevar al Yo, inconscientemente, a buscar zonas de seguridad para preservar el éxito, lo cual, a su vez, puede dar rigidez a la flexibilidad y a la inventiva del pensamiento antidialéctico y contraer el raciocinio complejo, multifocal, en fin, el proceso cognitivo. El éxito y la gloria pueden hacer que nuestra mente se vuelva estéril. Si no los vigilamos, asfixian la imaginación. En realidad, eso es una pieza central en el proceso de formación de pensadores, y podría ser objeto de muchos libros y tesis de doctorado. También explica por qué los científicos son muy productivos mientras son inmaduros, rebeldes y desprovistos de reconocimiento académico, y se vuelven menos productivos, estériles incluso, cuando reciben laudos y aplausos. Por supuesto, hay excepciones.

La zona de seguridad puede secuestrar al Yo en áreas restringidas de lectura, en especial de la Memoria de Uso Continuo (MUC), que es consciente, fomentando el uso excesivo del pensamiento dialéctico/previsible, que es traducido por el raciocinio lógico/lineal. Ese tipo de pensamiento, al ser mucho más sofisticado, transgrede la monotonía: necesita leer múltiples áreas de la memoria al mismo tiempo, tanto de la MUC como de la Memoria Existencial (ME), que es inconsciente, para robustecerse.

En los primeros años de vida, los niños hacen muchas preguntas. ¿Preguntar es fruto de un pensamiento dialéctico o antidialéctico? Dialéctico, pero sustentado por el pensamiento antidialéctico. Cuanto más libere un ser humano su imaginación, más íntimo será del llamado arte de la indagación. Y cuanto más se pregunte, cuestione, rompa paradigmas, más expandirá la imaginación, generando un ciclo vital de creatividad.

Cuando los niños comienzan a asistir a la escuela tradicional, poco a poco disminuye la frecuencia de las preguntas, porque muchas veces la escuela los envicia en el pensamiento dialéctico, lógico, lineal, afectando el proceso cognitivo o, en otras palabras, los amplios aspectos del razonamiento complejo, como la capacidad de ponerse en el lugar de los demás, la interpretación multifocal de los textos, la inducción, la abstracción y la imaginación. Es claro que estoy generalizando, y que hay loables excepciones, pero en la mayor parte de los casos, en la enseñanza básica, solamente algunos alumnos se siguen arriesgando a hacer cuestionamientos; en la enseñanza media, la mayoría constituye una audiencia muda; en las universidades son raros los que debaten las ideas. La educación dialéctica/unifocal/ lógica del Yo causa estragos irreparables en la evolución de la especie humana.

Todos los dictadores experimentaron limitaciones cognitivas importantes después de ascender al poder. Construyeron un raciocinio simplista, parcial, tendencioso, egocéntrico. Tuvieron una racionalidad por debajo de la media, pero una voracidad por el poder muy por encima de la media. Fueron hábiles para usar las armas, pero no para gestionar la emoción. Fueron todavía más hábiles en construir fantasmas emocionales en el inconsciente colectivo con discursos paranoicos. Por lo general, son el asombro y la pasividad del pueblo los que alimentan a los dictadores, en especial, al inicio del proceso dictatorial, cuando éstos son más frágiles.

Calígula parecía humilde hasta asumir el trono de Tiberio, su tío, poco después de que Pilatos crucificara al mayor educador de la historia. Prometió al gran césar que protegería a Tiberio Gemelo. Sin embargo, hundido en el fango del pensamiento lógico/dialéctico, una de las primeras cosas que hizo al convertirse en emperador romano fue eliminarlo.

En nombre del comunismo, Stalin asesinó a decenas de millones de personas. Era un hombre intelectualmente corto y superficial, que de noche mataba a sus supuestos enemigos y por la mañana tomaba café con sus esposas. Sirvió a su propio ego e ideas, pero no a su pueblo. Como todo dictador con limitaciones cognitivas, era paranoico, se sentía perseguido por los monstruos que él mismo creaba en el teatro de su mente. La necesidad neurótica de poder encarceló el desarrollo saludable de su pensamiento anti-dialéctico. Stalin no podía ponerse en el lugar de los demás ni pensar antes de reaccionar; reaccionaba como un animal no pensante.

Adolf Hitler, como vimos, fue el ejemplo más contundente de la pésima gestión de la emoción. Según las leyes de Alemania, después de setenta años de la muerte de su autor, una obra pasa a ser del dominio público. Hoy, vencido el tiempo de *Mi lucha*, muchos están preocupados por la divulgación del libro. Hitler era un joven de treinta y cinco años cuando lo publicó, pero su edad emocional no pasaba de ser la de un adolescente que no toleraba ser contrariado. Era también especialista en reaccionar por el fenómeno dialéctico de la acción-reacción.

Su obra no es un compendio geopolítico y económico, sino un texto sectario y saturado de falsas verdades. En él afirma, por ejemplo, que los mutilados de la Primera Guerra Mundial fueron abandonados por el gobierno de Alemania; sin embargo, el incoherente Hitler, que había sido un simple cabo en esa guerra, después de convertirse en canciller mostró las uñas y mandó a matar a miles de veteranos de guerra que tenían limitaciones físicas y mentales.

El austriaco sin biotipo ario dejó al mundo perplejo con sus guerras relámpago. Usaba el raciocinio simple/

unifocal/lineal para sofocar rápidamente a sus presas. Su mente insana utilizaba datos falsos para sacar conclusiones egocéntricas. Cierta vez dijo: "Ninguna personalidad militar o civil me podría sustituir". Se postulaba como dios, una postulación derivada de una limitación cognitiva dantesca que le hacía negar que era un simple mortal que se encaminaba al silencio de la tumba. Defender las ideas con seguridad es saludable, pero embriagarse con dosis generosas de autopromoción es enfermizo. Hitler proclamaba ante sus asesores: "Estoy seguro de la fuerza de mi cerebro y de mi capacidad de decisión".

Por lo tanto, Hitler no desarrollaba el pensamiento antidialéctico profundo, lo que lo llevaba a ser mentalmente superficial. Y toda persona superficial tiende, en alguna medida, a tener un bajísimo nivel de tolerancia a las frustraciones. Mostrando ferocidad, dijo también: "Las guerras nunca deben terminar, a no ser por la capacidad del aniquilamiento total del adversario...". Hitler era un analfabeta emocional, desconocía el lenguaje de la compasión, la generosidad, el altruismo, la serenidad.

La contracción y la contaminación del pensamiento antidialéctico causaron y siguen causando daños irreparables a la humanidad. Por desgracia, la educación mundial optó por la visión cartesiana, lógica, lineal, desprovista de altruismo y afectividad que, como ya comenté, considera a las personas como meras cifras estadísticas y no como perlas vivas en el escenario de la existencia. Sin el pensamiento antidialéctico no hay gestión de la emoción; sin gestión de la emoción, nuestra especie llorará lágrimas incontenibles.

13
Mega TGE: formar líderes: mentes emprendedoras e innovadoras

TGE 1. El arte de observar lo invisible y de escuchar lo inaudible

*L*a capacidad de ser mentalmente emprendedor y creativo se inicia con el proceso de observación aguda, detallada e intensa. Sin embargo, para ser efectivo, el proceso de observación no puede ser unifocal; debe ser multifocal, multiangular: depende, por lo tanto, de una mirada abierta, dirigida hacia múltiples focos, lados o ángulos. Depende también de un proceso de captura de datos e interpretación desprovisto de tendencias, que distinga más allá de la imagen y escuche más allá de los límites de los sonidos. Un líder emprendedor e innovador, sea empresarial o educativo, observa mucho y habla poco; usa más los ojos que la lengua; no tiene la necesidad neurótica de ser el centro de las atenciones.

Al entrenarse en el arte de observar desde múltiples ángulos, un líder emprendedor aguza su percepción para detectar la desactualización de la empresa, las crisis

financieras y los conflictos sociales antes de que los síntomas aparezcan. Así, se convierte en un innovador, un especialista en sumergirse dentro de sí mismo, en reflexionar
sobre los datos que capta y en liberar su imaginación.

Por otro lado, muchos líderes que no son innovadores
sólo se dan cuenta de que fracasaron cuando su empresa
está al borde de la quiebra o cuando descubren, demasiado
tarde, que se han convertido en profesionistas jurásicos,
sobrepasados. Su Yo vive aprisionado en la mazmorra de
los éxitos pasados. Son lentos para percibir que el mundo
está en proceso de cambio, reconocer la necesidad de inno-
var, de ser proactivos, de superar la cárcel de la rutina.

La gestión de la emoción previene accidentes, al entrenar a los líderes para que oigan lo inaudible y observen lo
invisible. Quien sólo distingue los síntomas visibles es un
operario, no un estratega. Como administrador, depende de
la suerte, de la economía, de las políticas gubernamentales,
pues no se reinventa ni crea sus propias oportunidades.

TGE 2. Buscar la sabiduría más que la inteligencia: los inteligentes aprenden de sus errores; los sabios aprenden de los errores ajenos

La gestión de la emoción invita a los líderes que no son
innovadores a ser más sabios que inteligentes, más emprendedores que recitadores de respuestas preparadas. El
inteligente tiene consciencia de cuánto sabe; el sabio tiene consciencia de cuánto no sabe. Y, al tener consciencia

de sus limitaciones, siempre se recicla, explora y tiene una sed insaciable de mejorar, crecer y conocer. Las empresas sustentables tienen más necesidad de líderes sabios que de líderes inteligentes, precisan más de flexibilidad y atrevimiento que de un notable banco de datos. Al final del día, cualquier computadora es un banco de datos mejor que el mejor de los profesionales.

El líder inteligente aprende de sus errores; el líder sabio aprende de los errores ajenos. El líder inteligente no tiene una buena gestión emocional, necesita romperse la cara para aprender lecciones de vida, destruir sus finanzas para darse cuenta de cuán difícil es divorciarse de las matemáticas financieras, fracasar en sus relaciones para entender las diferencias entre lo esencial y lo trivial. Pero el líder sabio, al ser un excelente observador y tener una notable capacidad de aprender, asimila las crisis ajenas, los conflictos de sus amigos, la turbulenta trayectoria de los grandes hombres de la historia, el derrumbamiento de las empresas que cayeron en bancarrota y las herramientas de los emprendedores que se reinventaron y de las empresas que se volvieron sustentables; el líder sabio ahorra energía, tiempo y etapas al incorporar las experiencias ajenas, y no tiene vergüenza de ser flexible y abierto a las sugerencias.

Bajo el ángulo de la gestión de la emoción, las diferencias entre un líder inteligente y uno sabio son estruendosas. Un líder inteligente se informa mucho, mientras que un líder sabio observa mucho. Un líder inteligente reacciona por el fenómeno de golpe-contragolpe; un líder sabio reacciona por el fenómeno de golpe-reflexión. Un líder inteligente ama el arte de responder; un líder sabio ama en primer lugar el arte de preguntar, y elabora respuestas profundas. A un líder inteligente le gusta hablar y ser el centro de las atenciones; a un líder sabio le gusta escuchar y sólo aparece cuando es necesario. Un líder inteligente impone sus ideas, controla a sus liderados, le gusta autopromoverse; mientras que un líder sabio expone sus ideas, provoca a sus liderados, le gusta promoverlos.

Un líder inteligente, que sólo transfiere información, gráficos y metas, tiene más probabilidades de formar siervos, mientras que un líder sabio, y por lo tanto, emprendedor e innovador, transfiere mucho más que datos: transmite el capital de sus experiencias, es capaz de hablar de sus derrotas para que sus colaboradores entiendan que nadie es digno de éxito si no las utiliza para alcanzarlo. Así, el líder sabio tiene muchas más probabilidades de formar pensadores que lo sustituyan.

¿Usted es un líder sabio, o inteligente? ¿En qué área necesita adquirir el tesoro de la sabiduría? Los cursos de posgrado, MBA, las maestrías y doctorados deberían formar más líderes sabios que inteligentes. Pero ¿qué es lo que forma la mayoría de ellos?

TGE 3. El dolor nos construye o nos destruye: la soledad creativa

Ningún tipo de dolor, sea físico o emocional, es agradable. Por eso podríamos pensar, ingenuamente, que sin dolor, cualquiera que sea, el ser humano sería más feliz. Sin embargo, esa observación es falsa. Aunque debamos prevenir los sufrimientos, pérdidas y frustraciones, las experiencias angustiantes pueden ser altamente necesarias y enriquecedoras para el desarrollo del pensamiento antidialéctico y, en consecuencia, para la formación de líderes sabios, portadores de notables habilidades socioemocionales, como pensar antes de reaccionar, atrevimiento, flexibilidad, optimismo y confianza en el propio potencial.

No hay osadía sin la superación de las humillaciones; no hay garra sin la superación de las críticas, no hay capacidad de comenzar todo de nuevo sin apostar por uno mismo, no hay autonomía sin trabajar las fallas, los fracasos, las lágrimas y las crisis emocionales. Yo he vivido todos esos fenómenos en mi historia, tanto como ser humano como productor de conocimiento sobre el complejo universo de la mente humana. Tuve que emprender la jornada más importante de mi vida cuando el mundo se derrumbaba sobre mí.

Es necesario tener consciencia de que el miedo al dolor expande el propio dolor; el miedo a las crisis promueve un espectáculo de terror; el miedo al fracaso paraliza al Yo como gestor de la emoción; el miedo al caos amordaza la capacidad de reinventarse.

Así como la luna regula las mareas, el dolor, si está bien trabajado, regula la emoción. Así como el sol promueve la vida en la Tierra, el dolor, si es bien utilizado, irradia luz a los rincones de nuestra mente y nos hace más centrados en nosotros mismos, humildes, generosos con los demás y con nosotros. Así como los anticuerpos combaten diariamente a miles de virus y bacterias que intentan invadir nuestro organismo y causar infecciones, las crisis y los conflictos pueden proteger nuestra emoción ante las tempestades de la vida.

Sufrir por sufrir es una estupidez, y todo emprendedor debe saberlo. Por otro lado, sufrir y gestionar ese sufrimiento, y no ser controlado por él, no echar combustible al humor triste ni autocastigarse o castigar a los demás, es ser un líder sobresaliente, poseedor de una mente libre y creativa. Usar el dolor para autoconstruirse es no autodestruirse y ser, por encima de todo, un ingeniero de la emoción, un ser humano verdaderamente autónomo, un poeta de la vida que aprendió a escribir sus más bellos poemas cuando su mundo se desmoronaba. ¿En qué periodos escribe usted sus más increíbles poesías?

Siempre es importante recordar que, por más cuidadosos que seamos, los éxitos y fracasos, las risas y lágrimas se alternan en nuestra historia. Saber eso y prepararnos para proteger la emoción nos capacita para prolongar las primaveras y minimizar los inviernos emocionales. ¿Usted prolonga o minimiza sus primaveras emocionales?

Muchos padres que han sufrido a lo largo de la vida no quieren que sus hijos pasen por lo que ellos vivieron y por eso los sobreprotegen. Llenando a sus hijos de regalos y evitándoles todo tipo de frustración, esos padres cometen un crimen educativo. No saben que sus hijos necesitan pasar por ciertas desilusiones para elaborar experiencias y, en consecuencia, formar plataformas de ventanas *light*, que sustentan funciones notables como la tolerancia, la paciencia, la resiliencia y el placer sustentable.

Otra vez afirmo: dar regalos en exceso vicia la corteza cerebral, causando un efecto similar al de las drogas. Con el . paso del tiempo, a cada regalo, el joven cierra el circuito de la memoria, se acostumbra al placer, ya no se entusiasma y se convierte en un mendigo emocional que requerirá muchos estímulos para sentir migajas de placer. Así como un consumidor de drogas necesita aumentar cada vez más la dosis para sentir los mismos efectos iniciales, el padre que sobreestimula a sus hijos con productos —y no con diálogo, el intercambio, la contemplación de lo bello, el contacto con la naturaleza y las artes— necesita aumentar cada vez más la oferta de obsequios para que ellos tengan una mínima estimulación.

Hay padres que no ponen límites a sus hijos e incluso discuten con los maestros cuando ellos lo hacen. Es un craso error. Sin aprender a lidiar con los límites, no hay gestión emocional. Cuando se conviertan en adultos, esos jóvenes serán pequeños dictadores, cuyas voluntades tendrán que ser atendidas con prontitud. Cuando esos padres se den cuenta del error que cometieron en la formación de sus hijos, ya habrán perdido el control sobre ellos. Los niños y los adolescentes tienen que pasar por frustraciones, tienen que oír "no", tienen que saber lidiar con el dolor, en fin, tienen que elaborar sus experiencias para madurar, o serán niños eternos. Solamente así su Yo archivará plataformas de ventanas *light* que propiciarán las más nobles funciones de la inteligencia socioemocional. Solamente así usarán el pensamiento antidialéctico para expandir la inventiva y la capacidad de superación.

Tarde o temprano, ante las pérdidas o frustraciones, las traiciones o calumnias, las crisis emocionales o las dificultades profesionales, viviremos la soledad social, tendremos que interiorizarnos, encontrar una dirección dentro de nosotros. Sin embargo, muchas personas no saben qué hacer cuando se sienten solas. Se perturban, se agitan y se incomodan porque no saben autoanalizarse, no saben conversar consigo mismas. Su Yo es "exteriorizante", volteado hacia fuera, no dialoga con sus fantasmas y es incapaz de reconstruir sus trayectorias.

Quien aprenda a usar las Técnicas de Gestión de la Emoción verá que la soledad dejará de ser destructiva y se convertirá en un crisol para la creatividad. La soledad creativa es fundamental para tener una mente brillante, prolífica, productiva, saludable. Quien tiene miedo de la soledad tiene miedo de sí mismo.

TGE 4. Nadie es digno del podio si no utiliza sus fracasos para alcanzarlo

La gestión de la emoción recomienda valorar el proceso más que el punto de llegada; exaltar el entrenamiento más que el resultado. Quien ambiciona el éxito, pero desprecia la disciplina, no es digno del podio. Quien ama los aplausos, pero no les da valor a los abucheos, no es digno de brillar en el escenario. Quien ama la comodidad de los palacios, pero no le da valor al placer de cargar las piedras para construir-los, no es digno del confort que ellos ofrecen.

Los sueños no determinan el lugar al que usted llegará, pero sí proveen la fuerza necesaria para sacarlo del lugar donde está. Muchas personas entran en competencias de-portivas o profesionales con una desventaja competitiva, pues no saben que toda competencia se gana primero en la arena de la mente, en el territorio de la emoción, y sólo des-pués en el campo deportivo, corporativo o social. Valorar el proceso es vital para la conquista, ya que relaja el Yo, alivia las tensiones, canaliza la energía para soportar las pérdi-das, superar las dificultades, reciclar las derrotas de la jor-nada. Sin embargo, vivimos en una sociedad viciada en el resultado, drogada por el éxito, entorpecida por los aplau-sos, que no prepara a sus hijos para los inviernos de la vida.

¿Las flores surgen en primavera o en invierno? Es en la escasez de agua, en la agresión del frío y en los embates implacables de los vientos cortantes característicos del in-vierno cuando las plantas producen las flores que despun-tan en la primavera. Las flores contienen las semillas que reflejan el deseo irrefrenable de perpetuar la vida. Quien le teme al frío, esté representado por la angustia, la pérdida, el fracaso, el abucheo, la humillación, la traición, no es dig-no de las más bellas flores.

Todo vencedor ha besado la lona del fracaso. Las crisis, los fracasos, las quiebras no son sentencias finales para un líder innovador, sino etapas en la conquista de sus mejores objetivos, en las cuales forma ventanas *light* que lo llevan a proclamar de día y de noche que los mejores días están por venir. Los abucheos, las humillaciones, las decepciones no son calabozos para los líderes innovadores, sino nutrientes que le dan valor para reinventarse y consolidar su autoestima. El capital de las experiencias no tiene precio y debe ser sobrevalorado, incluso en la formación de mentes brillantes. Pero ¿en qué sociedades se valora? ¿En qué universidades es exaltado? ¿En qué escuela se le enseña? Vivimos en la era del culto a las celebridades, de una falta de inteligencia sin precedentes, en la era de la minimización de la grandeza de los anónimos, de los verdaderos héroes, aquellos que nunca estuvieron bajo la luz de los reflectores.

Bajo el ángulo de la gestión de la emoción, nada es dejado a un lado: ni nuestras locuras, ni nuestra sanidad; ni nuestro júbilo, ni nuestro humor depresivo. Cuando lloramos lágrimas inconsolables, nuestro Yo debe ser capaz de transformar cada gota no en un punto final, sino en una "coma", para que escribamos los mejores textos de nuestra historia...

TGE 5. El arte de la pregunta y la superación de la dictadura de la respuesta

Uno de los entrenamientos más lúcidos del Yo para formar una mente libre y creativa no es defender una tesis de doctorado o escribir artículos científicos, sino tener una estrecha afinidad con el arte de cuestionar, y tener la plena convicción de que cada respuesta es el comienzo de nuevas preguntas. Nada provoca tanto la curiosidad y la capacidad de observar como el arte de la pregunta.

El arte de la pregunta es el genoma de las mentes emprendedoras e innovadoras, y el combustible para liberar la imaginación, para fomentar el más noble y abierto de los pensamientos, el antidialéctico. Quien no se enamora del estrés de los cuestionamientos no liberará su creatividad, no gestará nuevos conocimientos. Un científico o un pensador no muere cuando su corazón deja de latir, sino cuando su mente deja de preguntar.

La gestión de la emoción recomienda que los ejecutivos sean rápidos en cuestionar, pero pacientes en analizar y responder. Los líderes tensos resuelven problemas, pero no previenen las crisis; apagan el fuego, pero no evitan incendios; alivian síntomas, pero no develan las causas.

Bajo el enfoque de la gestión de la emoción, no es posible ser un gran líder social en la actualidad sin sufrir el calor de la ansiedad, sin sufrir algunas quemaduras. Incluso porque hay un tipo de ansiedad vital y, por lo tanto, saludable, que anima, motiva, inspira al ser humano a ser eficiente, a superar desafíos, a materializar los sueños.

Un gran emprendedor debe gestionar la ansiedad para que no sea patológica (Síndrome del Pensamiento Acelerado), no produzca síntomas psicosomáticos, como fatiga al despertar, dolores de cabeza, hipertensión, ni síntomas psíquicos como irritabilidad, intolerancia, sufrimiento por anticipación, déficit de memoria. Sin embargo, para gestionar la ansiedad, es necesario desacelerar el pensamiento, no sufrir anticipadamente, no someterse a la dictadura de la respuesta, no "comprar" conflictos provocados por otros, contemplar lo bello, relajarse, proteger la emoción.

Recuerde que el mayor legado de un líder sabio es no dejar que falle la más compleja de las empresas, la única que, si fracasa, hará que el mundo se desmorone: la mente humana. El líder sabio debe, por encima de todo, educar a su Yo para vivir un romance con su salud mental.

TGE 6. El pensamiento estratégico

La Mega TGE que estamos discutiendo, vital para formar líderes portadores de una mente libre y creativa, depende del trabajo de las Técnicas de Gestión de la Emoción anteriores para preparar el terreno para el desarrollo del pensamiento estratégico.

Sin estrategia no es posible ser un emprendedor que impacte el ambiente social, afectivo y corporativo. Tampoco es posible desarrollar estrategias notables y sostenibles siendo excesivamente cartesiano, lógico, lineal, en fin, sobrevalorando el pensamiento dialéctico.

El pensamiento estratégico depende esencialmente del ejercicio del pensamiento antidialéctico, de la liberación de la imaginación, de la capacidad de observar los eventos desde múltiples ángulos. Quien es unifocal corre un serio riesgo de ser un mero manual de reglas, un operador de máquinas y procesos, no un estratega; su pensamiento será superficial, con gran posibilidad de juzgar más y comprender menos, criticar más y animar menos, excluir más y abrazar menos. Las personas que miran el mundo apenas desde un solo ángulo con frecuencia son egocéntricas, comprometen la propia salud emocional y la de quienes aman; además, poseen un déficit cognitivo, aunque sean cultas, y no elaboran un razonamiento complejo.

Para ser un estratega en las relaciones interpersonales, es fundamental no sólo soltar el pensamiento dialéctico/cartesiano, que supuestamente trae soluciones mágicas y rápidas, sino también dejar de vivir atrincherado, de crear conflictos y presionar, aprender a interiorizarse, a reconocer los errores, pedir disculpas, tener comportamientos sorprendentes y reacciones impactantes, demostrar cambios de rumbo sustentables.

Para ser un líder en el ambiente corporativo, que se ha vuelto tan fluido y diversificado, no basta con ser un estratega unidireccional; es necesario ser un estratega multifocal. Una única estrategia puede ser insuficiente en un mundo en cambio constante.

Es claro que es importante, para el éxito corporativo, echar mano de la estrategia clásica, jurásica: tener productos altamente deseados, provocar al consumidor, tener un nicho interesante, trazar planes de *marketing* y comerciales para ocupar un espacio, fabricar los productos mediante procesos competitivos, sobresalir de entre la competencia y sacar el máximo provecho del éxito. Sin embargo, esa estrategia clásica puede no construir un éxito sustentable en un mundo agitado como el de hoy, donde todo cambia o es copiado rápidamente, donde el paladar del consumidor sufre una intensa variabilidad por la multiplicidad de ofertas. Los productos, las empresas y sus ejecutivos y colaboradores envejecen de manera precoz.

¿Pero quién envejece primero, los profesionistas o los productos? Los profesionistas envejecen antes que sus productos. Algunas empresas se encuentran en sus inicios, pero sus trabajadores no se anticiparon a los hechos, y por eso sus productos dejan de ser deseables. El mayor desafío de una empresa no es tener productos notables, sino trabajadores con una mente notable, capaces de mantener a la empresa siempre joven, ágil, soñadora, innovadora.

Para eso, es necesario contar con estrategias multifocales de innovación, construcción de nuevas oportunidades, mejora de procesos. ¿Cómo? A través de la intimidad con el arte de la duda, bombardeándose con preguntas y cuestionamientos sobre quiénes somos, nuestros papeles sociales, nuestras actitudes como líderes, nuestros niveles de agilidad, nuestra capacidad de reciclarnos, la calidad de nuestros productos, la competencia de los procesos, etcétera.

Esta TGE puede liberarnos de cuatro cárceles mentales.

1. La cárcel del éxito.
2. La cárcel de la rutina.
3. La cárcel de los paradigmas intocables.
4. La cárcel de la dictadura de la respuesta rápida.

Nadie está libre de ellas. Quien no sea capaz de cuestionarse continuamente tendrá limitaciones cognitivas, no expandirá su raciocinio, sobre todo en los focos de tensión.

Si se experimentan continuamente, las Técnicas de Gestión de la Emoción que rompen las cárceles mentales producen mentes emprendedoras e innovadoras en una secuencia de siete eventos notables:

1. Nutren la mirada multiangular para distinguir más allá de los fenómenos visibles.
2. Abren las ventanas de la memoria para expandir la oferta de información.
3. Expanden el pensamiento antidialéctico, liberando así la imaginación y la intuición.
4. Promueven la soledad creativa del Yo. En esa soledad íntima, donde el Yo se recoge, puede moverse de forma más ágil, atrevida, experimentando aires nunca antes respirados.
5. Fomentan la construcción de nuevas ideas en todas las áreas, de la ciencia al mundo corporativo.
6. Generan el espectáculo continuo de la innovación. La innovación no es el resultado de un esfuerzo intelectual, sino de un proceso. Y, cuando se piensa que la innovación es el final de la jornada, si hubiera una plena eficiencia en el bombardeo de preguntas y cuestionamientos para romper las cuatro cárceles mentales, se produce el último fenómeno.
7. Aplican la autoevaluación del estrés en su empresa. Los gestores que esperan que otras empresas los estresen a través de la competencia son lentos para moverse, no se anticipan a los hechos y tendencias, no previenen los errores, sólo los corrigen. Nada es tan peligroso como esperar a ser infectado para después tratar la enfermedad.

Como ya abordé, antes de que una empresa falle, sus ejecutivos ya asfixiaron su propia capacidad de pensar. Antes de que una corporación pierda competitividad, sus líderes ya fueron sobrepasados, perdieron agilidad, flexibilidad, osadía. El mundo capitalista es tan psicótico y mutante en la actualidad que las tesis aprendidas en una MBA ya se volvieron seniles antes de su conclusión. Muchos líderes están demasiado ocupados celebrando los resultados y olvidan que su mayor reto ya no es superar a la competencia, sino desarmar las trampas de la mente que los colocan como espectadores pasivos en un teatro social que está en cambio constante.

El éxito es más difícil de trabajar que el fracaso. El riesgo del éxito es quedar preso en la propia cárcel del éxito, en la mazmorra de la rutina, de las verdades incuestionables, de la dictadura de la respuesta rápida. El éxito sustentable depende del capital humano, de mentes emprendedoras e innovadoras; depende, por lo tanto, de la liberación de la imaginación.

14

El funcionamiento de la mente y las bases de la gestión emocional: la memoria

El Yo y el fenómeno RAM: los límites de la gestión de la emoción

¿*E*stamos condenados a ser libres, como defendía el existencialista Jean-Paul Sartre? Sartre fue un brillante pensador del comportamiento humano, pero no tuvo oportunidad de estudiar la gestión de la emoción, el proceso de construcción de pensamientos y su sofisticado registro. Si los hubiera estudiado, se habría quedado perplejo con las trampas mentales. Usted tiene libertad de ir y venir, de decidir ser secuestrado por el tedio o explorar lo nuevo, de tener una religión o ser ateo, de constituir una familia o apreciar la soledad, de expresarse u omitirse, de postularse como un dios acabado o colocarse como un eterno aprendiz... Parecemos tan libres, pero ¿de hecho, lo somos?

Tenemos muchas opciones en el menú de la libertad, pero debemos saber que, en la base del funcionamiento de la mente, jamás seremos plenamente libres. Sólo hay libertad dentro de ciertos límites. Por ejemplo, usted no tiene la libertad de querer o no que una historia sea archivada en su corteza cerebral, y mucho menos de borrarla o eliminarla.

Quien estudie los bastidores de la construcción de pensamientos a la luz de la Teoría de la Inteligencia Multifocal, entenderá con claridad y convicción que el Yo, que representa la consciencia crítica y la capacidad de elección, no logra impedir el registro de los pensamientos y las emociones ni eliminar la basura psíquica que ha sido archivada. Los procesos de archivo en el cerebro son inconscientes e involuntarios. Y sólo pueden borrarse a través de la lesión física, como un accidente cerebrovascular, un traumatismo craneal, un tumor cerebral, o la degeneración de la corteza.

Al analizar a mis pacientes en miles de sesiones de psicoterapia y consultas psiquiátricas, así como al evaluar el movimiento de los constructores de mi propia mente, me convencí de que el registro de los pensamientos, sean lúcidos o estúpidos, y de las emociones, sean placenteras o dolorosas, no depende de la voluntad consciente del Yo. Es, por lo tanto, un proceso automático e involuntario, realizado por un fenómeno inconsciente que, como ya vimos, bauticé como RAM. Solamente ese fenómeno es capaz de cambiar casi todo lo que pensamos sobre nuestra especie.

Si no le agrada alguien, ese alguien probablemente "dormirá" con usted. Es alta la probabilidad de que sea registrado en su memoria como una ventana traumática poderosa, *killer* doble P. Las relaciones sociales son tan complejas que con frecuencia producen injurias, calumnias, traiciones, decepciones. Y la manera más eficiente de convivir diariamente con un desafecto es querer anularlo en nuestra historia.

Cada vez que usted piense en esa persona, estimulará una nueva acción del fenómeno RAM, que lo registrará otra vez, formando un conjunto de ventanas *killer*, un núcleo traumático de habitación del Yo. No sólo enfermamos por el trauma original, como imaginaba Freud, sino también, y sobre todo, por la realimentación del trauma. Usted carece del poder de evitar el registro de las experiencias traumáticas —por lo tanto, no está condenado a ser libre como pensaba Sartre, ni a ser autónomo, como soñaba Paulo Freire—, pero tiene el poder de decidir si nutrirlas o no.

Usted no tiene el poder de evitar algunos "enemigos", pero tiene el poder de darles cuerpo o adelgazarlos, convertirlos en monstruos o en simples seres humanos que lo hirieron porque son, a su vez, personas heridas. Un verdugo puede lastimar a un ser humano por medio de abusos, abandono, privaciones, ofensas públicas, humillación, pero la construcción de un núcleo de habitación del Yo sólo ocurrirá si el Yo es pasivo en vez de actuar como gestor de la emoción. Una de las herramientas más importantes de la gestión de la emoción es saber que el trauma primordial, la primera ventana *killer*, depende del verdugo, pero las demás dependen de la omisión o del permiso del Yo.

Como la educación clásica no entrena al Yo para ser gestor de la mente humana, cientos de millones de personas enferman psíquicamente. Se cometen suicidios, se promueven los asesinatos, se cultivan los resentimientos, se desatan guerras ante un Yo omiso, que no sabe protegerse, que es un pésimo consumidor emocional. Se gastan trillones de dólares a consecuencia de accidentes de trabajo, baja productividad, conflictos socioprofesionales, ausentismo, tratamientos médicos, todo por culpa de la deficiencia del Yo en la gestión emocional. Y eso sin contar el gasto más importante: el sufrimiento humano, desde los niños hasta los adultos.

No se queje de la acción del fenómeno RAM

Usted puede creer que la falta de libertad de tener o no una historia es algo pésimo. Pero sin la colcha de retazos de esa historia archivada en la corteza cerebral, usted no tendría consciencia existencial, no sabría quién es, no tendría una personalidad o una identidad. Sería un zombi, incapaz de tomar decisiones conscientes.

Todos los días, el fenómeno RAM imprime en la memoria miles de imágenes mentales, pensamientos, emociones e información. Son millones de estímulos anuales. La única posibilidad de impedir la acción de ese fenómeno es desviar el foco del sistema sensorial, taparse los oídos, cerrar los ojos o salir de escena. Sin embargo, de nada sirve huir de la realidad social. No es posible cambiarse de planeta ni vivir en completo aislamiento. Los ermitaños pueden escapar del teatro social, pero no del teatro mental; pueden huir de los enemigos sociales, pero no de los enemigos construidos en su mente.

Imagine que usted tuviera la libertad de borrar los archivos registrados en su memoria. ¿A quién borraría? Tal vez a una persona que lo traicionó, alguien que lo ofendió, un ser humano que lo calumnió. Aparentemente, eso sería excelente. Usted podría aprovechar la oportunidad y eliminar sus miedos, manías, impulsividades, conflictos.

Pero piense un poco más. Si usted tiene una pareja, por más enamorado(a) que esté, tarde o temprano sufrirá una decepción y, en ese momento, se sentirá tentado(a) a borrar a esa persona. Si su Yo es eficiente, en fracciones de segundo esa persona dejaría de existir para usted. Se convertiría en alguien totalmente desconocido después del asesinato existencial. Usted dormiría con él o con ella y al despertar, se llevaría un susto, pues no lo reconocería.

¿Cuántos jóvenes, después de una pelea con su novio(a) no tendrían ganas de dar vuelta a la página y borrarlo todo, como hacen con los archivos de la computadora? ¿Percibe usted la muy seria responsabilidad si el Yo pudiera decidir eliminar o no los archivos? ¿Le gustaría tener la libertad de eliminar, en un abrir y cerrar de ojos, los millones de datos que generan los demás en usted? Creo que ni a Sartre le habría gustado tener tal libertad.

Piense en sus hijos. Los hijos son una poesía en la vida de sus padres: encantan, inspiran, hacen burbujear la emoción y, sin embargo, en algunos momentos dan inmensos dolores de cabeza. Además, no reconocen que muchas veces los padres no duermen para que ellos duerman bien, que posponen sus propios sueños para que ellos puedan soñar, y no se inclinan en agradecimiento. Tal vez, en esos destellos, algunos padres, si tuvieran la plena libertad de borrar la memoria, eliminarían a sus hijos de su historia. En ese caso, no los matarían físicamente, pero asesinarían los millones de experiencias construidas en la relación, experiencias que hicieron que sus hijos fueran diferentes al resto de los niños y jóvenes del mundo.

Usted podría decir: "¡Yo jamás haría eso! ¡Jamás borraría a mis hijos, en ninguna circunstancia!". Sin embargo, si usted conociera íntimamente los suelos del inconsciente, en especial, el más penetrante de todos los síntomas, el Síndrome del Circuito Cerrado de la Memoria, entendería que no existen los héroes. En ciertos momentos, incluso las personas más lúcidas pierden su coherencia, incluso las más tranquilas son golpeadas por la ansiedad, incluso las más mesuradas tienen reacciones estúpidas e impensadas. Cuando descubrí ese síndrome, se me abrieron los ojos y entendí por qué, a pesar de saber que somos meros mortales, manchamos la historia de la humanidad con guerras, suicidios, homicidios, violencia, orgullo, exclusión social.

Cuando entramos en una ventana *killer*, el volumen de tensión es tan grande que bloquea miles de otras ventanas o archivos, impidiendo el acceso del Yo a millones de datos para construir cadenas de pensamiento dialécticas lúcidas y antidialécticas profundas. En ese instante, el *Homo sapiens* deja de ser pensante y se convierte en *Homo bios*, un animal que actúa por instinto. La Teoría de la Inteligencia Multifocal revela que, bajo el ángulo de la gestión de la emoción, no hay seres humanos perfectos y plenamente equilibrados, a no ser que estén en coma.

Si tuviéramos esa capacidad de borrar los archivos registrados en la memoria, el riesgo de eliminar la historia de alguien querido sería enorme, sobre todo porque los seres más cercanos son los que más pueden frustrarnos y herirnos. Ahora, y en cuanto a nosotros mismos, ¿preservaríamos nuestra identidad si tuviéramos tamaña libertad? Es probable que, en un momento de frustración o decepción, nuestro Yo cometiera un suicidio existencial. No silenciaría nuestro corazón, pero podría silenciar nuestra historia.

Por fortuna, para destruir la memoria, las personas necesitan primero pasar por la desagradable experiencia de herir el cuerpo. Anualmente, decenas de millones de personas piensan en morir, y no tienen los recursos para eliminar sus archivos existenciales. Si supieran que, en el fondo, no se quieren matar, sino al contrario, tienen hambre y sed de vivir, que lo que quieren destruir no es el cuerpo ni la memoria, sino el dolor, el autoabandono y el humor depresivo, adquirirían poderosas herramientas para gestionar la emoción y transformar la lúgubre tempestad en el más bello amanecer. Entenderían que el tiempo de la esclavitud ya terminó.

¿El tiempo de la esclavitud terminó para usted, o se esclaviza y esclaviza a sus emociones?

La nueva era en la humanidad para la prevención de la discriminación

Abraham Lincoln tuvo el coraje de proponer cambios en la quinta enmienda de la Constitución estadunidense para liberar a los esclavos. Sin embargo, bajo la óptica de la gestión de la emoción, la discriminación no se supera sólo a través de la ley; se requieren dosis elevadas de educación, sobre todo la que irriga las funciones socioemocionales más importantes, que he llamado aquí "no cognitivas", y fomenta la felicidad inteligente y la calidad de vida. Vamos a recordar algunas de ellas: pensar antes de reaccionar, ponerse en el lugar de los demás, exponer y no imponer las ideas, pensar como humanidad, ser altruista, contemplar lo bello, proteger la emoción, y tantas otras.

La discriminación continuó, a pesar de haber sido prohibida por la ley. Si yo hubiera vivido en los tiempos de ese magno presidente estadunidense y hubiera sido uno de sus asesores, le habría mostrado la teoría de las ventanas de la memoria y el secuestro del Yo de buena parte de los estadunidenses de aquel tiempo por las ventanas traumáticas que contenían la discriminación. Le diría que es imposible borrar con la ley los traumas psicosociales.

Defendería incluso que la Constitución de un país, por más justa que sea, no reedita el inconsciente colectivo, las secuelas de la memoria social. Comentaría sobre la urgencia de una educación amplia e irrestricta que contemplara la gestión de la emoción, fundamentada no el pensamiento dialéctico/cartesiano, sino en el antidialéctico/empático, capaz de propiciar el altruismo. Equipararía y entrenaría a los maestros para que enseñaran en todas las escuelas, desde la enseñanza básica a la universidad, y en todas las instituciones, incluyendo las religiosas, el proceso fundamental de la construcción de pensamientos.

De ese modo, la discriminación quizás habría sido erradicada incluso en el siglo XIX. Toda una nueva generación habría entendido que la diferencia entre los blancos y las personas de color se encuentra en la fina capa del color de la piel, en los niveles de melanina, pues, en la esencia intelectual, todos somos iguales, ya que los pensamientos dialécticos y antidialécticos entran en milésimos de segundo en la memoria de cualquier ser humano y la construyen de manera espectacular.

Como ese proceso educativo no tuvo lugar, la discriminación no fue erradicada. Cien años después de Abraham Lincoln, Martin Luther King estaba luchando por los derechos civiles de los afroamericanos: el derecho de estudiar, de votar, de trabajar, de frecuentar lugares públicos, de existir con dignidad.

Quien conoce la sociedad estadunidense nota, sin duda, cuán admirable es. Muchos ciudadanos son justos, generosos, receptivos, altruistas, cosmopolitas, pero hasta hoy la discriminación no ha sido resuelta en el territorio de la emoción de miles de ellos. La discriminación es un pensamiento dialéctico lineal/simplista; la inclusión es un pensamiento antidialéctico/multifocal/complejo que depende de notables dosis de educación. La discriminación existe y seguirá existiendo en todo el mundo y en todas las formas hasta que las sociedades modernas decidan estudiar sistemáticamente el proceso de construcción de pensamientos, se deslumbren con los fenómenos que nos forjan como *Homo sapiens* y extraigan, de esa última frontera de la ciencia, las técnicas fundamentales de la gestión de la emoción. Entre ellas, como ya comenté, está la capacidad de pensar como humanidad.

Sin embargo, la educación clásica de aquel tiempo, así como la de hoy, era excesivamente cognitiva y lógica, y pobremente no cognitiva y afectiva. Incluso los países cuyos alumnos se ubican en los primeros lugares de desempeño en matemáticas e interpretación de textos en los programas internacionales de evaluación, fallan en no condimentar la formación de los jóvenes con las Técnicas de Gestión de la Emoción. La educación clásica está enferma, formando personas enfermas para un sistema enfermo. Nuestra especie siempre estará en el umbral de la inviabilidad si no enseñamos a las nuevas generaciones los increíbles fenómenos que producen los pensamientos y equipan al Yo para ser líderes de sí mismos.

Ni todos los levantamientos y protestas que los seres humanos de piel oscura hicieran en América del Norte, en América Latina, en Europa y en otros lugares, si bien legítimos e importantes, van a resolver las desgracias existentes en el inconsciente colectivo. ¿Por qué? Porque, como vimos, la memoria no se borra, sólo es posible reeditarla o construir ventanas saludables paralelas. Sólo la educación socioemocional, que construye núcleos de habitación o plataformas de ventanas *light*, puede ser una herramienta sustentable.

En esencia, no hay negros o blancos, palestinos o judíos, psiquiatras o "psicóticos", reyes o súbditos, celebridades o anónimos, heterosexuales u homosexuales. Nuestras diferencias culturales, religiosas, académicas, sexuales y raciales están en la punta del iceberg de la inteligencia, pues en la inmensa base todos somos lo mismo. Bajo el ángulo de la gestión de la emoción y de la construcción de pensamientos, estoy proponiendo, con mucha humildad, una nueva herramienta de prevención de las más diversas formas de discriminación.

Sueños, pesadillas, expectativas, frustraciones, deseos, desánimo, tristeza, placer, pensamientos lúcidos, ideas débiles, en fin, todos los fenómenos psíquicos están construidos de un modo espectacularmente admirable dentro de cada uno, lo que anuncia que somos, esencialmente, seres humanos. Discriminar es una actitud falta de inteligencia e inhumana. Enfatizar la esencia humana es algo vital para pensar como humanidad y apaciguar a los fantasmas mentales.

La homofobia es inhumana y demuestra falta de inteligencia. Y no sólo los heterosexuales se equivocan muchísimo al discriminar a los homosexuales, sino también éstos lo hacen, por no conocer los fenómenos que construyen los pensamientos, y por exaltar la diferencia y no la grandiosa semejanza: todos somos seres humanos. Pertenecemos a la misma familia: la humanidad.

Tenemos la necesidad de soñar, superarnos, reciclar conflictos, construir relaciones saludables, contemplar lo bello, amar, ser acogidos. Esas necesidades emocionales son universales.

Los palestinos y los judíos tienen diferencias religiosas, políticas, históricas y culturales que deben ser consideradas y aplaudidas. Pero, en esencia, son iguales. Cuando se sobrevaloran las diferencias en detrimento de la semejanza, se corre el riesgo de que el fenómeno RAM archive, en fracciones de segundo, ventanas traumáticas que perpetúan la discriminación y no promueven la inclusión social.

Un niño con síndrome de Down, al construir un simple pensamiento, realiza una proeza tan grande como Einstein cuando produjo su teoría de la relatividad. Como ese niño, Einstein no sabía cómo era capaz de entrar en su memoria, casi a la velocidad de la luz, y rescatar las piezas que constituirían sus ideas. Una vez que entendemos en forma mínima lo que nos convierte en *Homo sapiens*, las diferencias serán minimizadas, y la inclusión social ganará musculatura.*

La aeronave mental: el piloto (el Yo) y sus copilotos

Somos ingenuos al no percibir los complejos copilotos que cierran el circuito de la memoria, en especial el gatillo de la memoria y la ventana *killer*, que impiden que el Yo utilice los instrumentos de navegación para dirigir la aeronave mental.

Claustrofobia, fobia social, agorafobia, tecnofobia, timidez, sufrimiento por anticipación, autocastigo, pérdidas

---

* Si ese tema tiene un gran sentido para usted, si considera que puede brindar una contribución importante a la familia humana, compártalo, citando la fuente, en mensajes, blogs, redes sociales. Mi mayor sueño es que sea publicado en todo el mundo y penetre en las entrañas de las más diversas sociedades y culturas.

y frustraciones, así como todas las formas de discriminación, aprisionan al Yo en el asiento del pasajero en la aeronave mental.

No sabemos cómo archivamos las experiencias emocionales e intelectuales saludables o perturbadoras, a no ser *grosso modo*, especulando a través de imágenes cerebrales e investigaciones neurocientíficas. Los códigos que representan los datos que aprendemos y las experiencias existenciales son electrónicos o atómicos. Y los archivos o ventanas son multifocales y se entrelazan en una red. Todo está interconectado. Quizás haya más puentes en la memoria que todos los puentes en todas las autopistas del mundo.

Cuando los neurólogos y los neurocientíficos señalan, a través de pruebas como la cintilografía o la tomografía, una región que contiene emociones, como el sistema límbico, o el lenguaje, o como el lóbulo prefrontal, no señalan archivos, sino grandes áreas que contienen miles de ventanas.

Toda imagen cerebral, por más fina y selectiva que sea, es extremadamente burda e indica efectos bioquímicos provenientes de reacciones que surgieron a partir de innumerables archivos abiertos. La emoción fue determinante en la construcción de esos archivos, sobre todo de las ventanas *light* o *killer*. Las ventanas neutras representan la gran mayoría de los archivos mentales, y contienen información seca, estímulos visuales fríos y, por lo tanto, no resultan afectadas por la emoción.

La emoción tiene una poderosa influencia en el proceso de concentración y asimilación, y en la calidad de los registros que estructuran la formación de la personalidad, la visión de la vida, la manera de ser y de interpretar. Cuanto mayor sea el volumen emocional involucrado en una experiencia, mayor será también la probabilidad de que sea aprendida, registrada privilegiadamente y rescatada después. La educación sin emoción, teatralización y desafíos no produce un alto rendimiento intelectual, por lo menos no duradero, por eso, los mejores alumnos de la escuela no necesariamente serán los profesionistas más eficientes.

Muchos niños hiperactivos no padecen de trastorno de déficit de atención, como algunos médicos, psicopedagogos y psicólogos tienden a diagnosticar. Bajo el ángulo de la gestión de la emoción, lo que hay es un trastorno de vinculación emocional que se traduce sintomáticamente como déficit de concentración. Un niño hiperactivo tendrá una alta concentración en aquello con lo que se vincule afectivamente. Sin embargo, como los currículos en casi todo el mundo son universales y no individualizados, acaban siendo secos y desprovistos de aderezo emocional para cautivar a los alumnos agitados, sean éstos hiperactivos o portadores del Síndrome del Pensamiento Acelerado.

Ejemplos del baile de las ventanas entre la MUC y la ME

¿Dónde se registran las experiencias? Primero, en la Memoria de Uso Continuo (MUC), que es la que se utiliza en las actividades diarias, o memoria consciente. Las experiencias con un alto volumen tensional se registran como ventanas traumáticas o saludables en el centro consciente, y a partir de ahí son leídas y registradas de manera continua. Con el paso del tiempo, a medida que no son utilizadas con frecuencia, se desplazan a la inmensa periferia de la memoria, llamada Memoria Existencial (me), que es inconsciente.

Para que entienda mejor este mecanismo, le daré algunos ejemplos. Alguien acaba de elogiarlo. Usted lo registra en la muc. Durante la semana siguiente, ese elogio será "leído" muchas veces, pero con el paso del tiempo es probable que deje de ser registrado. Sin embargo, ese elogio no fue eliminado, sino desplazado a la me, y desde ahí seguirá influenciando su personalidad, pero con menor intensidad.

Otro ejemplo: usted acaba de dictar una conferencia en la cual no le fue muy bien. Durante la charla, no pudo expresar sus ideas, se puso nervioso, tropezó con las palabras. Las personas percibieron su inseguridad. Usted registró esa experiencia traumática en la muc. Si logró filtrarla a través de las Técnicas de Gestión de la Emoción, usted se protegió y, aunque haya sido registrada, la reeditó o formó un núcleo saludable a su alrededor. Pero si no consiguió proteger su emoción, la experiencia fue registrada con intensidad. En ese caso, será leída con frecuencia, producirá miles de pensamientos angustiantes que serán registrados continuamente, generando una zona de conflicto. De ese modo, será difícil que ese trauma se vaya a las fronteras de la me y se quedará sedimentado en la muc, perturbando al Yo. Filtrar los estímulos estresantes es, sobre todo, trabajar los papeles de la memoria.

La emoción determina no sólo la calidad del registro de las experiencias, sino también el grado de apertura de la memoria. Como ya vimos, las emociones tensas pueden cerrar el área de lectura de la memoria, bloquear el raciocinio y conducir a reacciones incoherentes. Hay alumnos brillantes que pueden tener un pésimo rendimiento intelectual, no acceder a la información que aprendieron por temor a fallar o por la exigencia excesiva de los padres y de la escuela. Hay ejecutivos eficientes que pueden tener grandes déficits de comunicación al hablar en público.

Las emociones ansiosas son los verdugos de la racionalidad. Las emociones placenteras pueden abrir las ventanas de la memoria, inspirar y conducir a escribir poemas, a pintar, a tener *insights* y a pensar en otras posibilidades. Es posible no ser esclavo de las críticas, víctima de las injusticias, amordazado por las presiones, encarcelado por los traumas. Para eso, es necesario aprender a gestionar la emoción. Sin embargo, dado que tenemos una mente compleja y saturada de trampas emocionales y ventanas traumáticas, nunca seremos plenamente líderes. Pero recuerde: ser un gran líder es renunciar a la perfección, transformar cada lágrima en una "coma" para construir un nuevo texto, aprovechar cada dificultad para inspirarse y superarse, cada crisis para motivarse a escribir los capítulos más inteligentes en esos días que nos gustaría olvidar.

15
Mega TGE: proteger la emoción

TGE 1. Filtrar los estímulos estresantes
para cuidarse de los ataques de la memoria

F iltrar los estímulos estresantes es una Técnica de Gestión de la Emoción vital para proteger la memoria. Debe ser implementada tanto contra los ataques de estímulos estresantes que provienen de las ventanas *killer* —y, por lo tanto, de nuestro pasado—, como contra los que vienen del presente.

El territorio de la emoción no puede ser una propiedad sin una mínima protección, un océano contaminado, un espacio sin oxígeno. Con todo, muchos padres se preocupan más por saber cómo está el rendimiento de sus hijos en los exámenes que por saber si son felices, si tienen pesadillas, si están secuestrados por algún tipo de fobia; no prestan atención al hecho de que los hijos estén o no protegidos emocionalmente.

Lo mismo pasa con las parejas. Se apresuran a intercambiar regalos en fechas especiales, pero rara vez se obsequian con un diálogo profundo: "¿Cómo está tu salud emocional?", "¿Eres feliz?", "¿Has bebido de las aguas de la tranquilidad?", "¿Hay estímulos estresantes secuestrando tus sueños y tu sueño?".

A lo largo de la historia, nuestra especie ha valorado los bienes materiales y despreciado lo esencial; exaltado los fenómenos físicos y minimizado los intangibles. Filtrar los estímulos estresantes es un fenómeno emocional básico y fundamental para tener salud mental y, aun así, rara vez se toca ese asunto. Es un fenómeno tan básico como dar los primeros pasos o decir las primeras palabras. Pero estamos en la Edad de Piedra en esa cuestión.

¿Usted tomaría agua que no estuviera filtrada o que pudiera estar contaminada? Nadie lo haría, a no ser en una situación extrema. Desde que descubrimos el mundo microscópico de las bacterias y de los virus, y que los microorganismos pueden causar grandes infecciones, nos hemos preocupado seriamente en tomar agua tan pura como sea posible. Bien, ahora que sabemos que el proceso de archivo de la memoria es automático e involuntario, producido por el fenómeno RAM, y que los estímulos estresantes como pérdidas, contrariedades, frustraciones, resentimientos, rechazos, críticas, *bullying*, pueden "infectar" la memoria con ventanas *killer*, podemos filtrarlos y evitar que esas ventanas sean leídas y releídas y se multipliquen aterradoramente, como si fueran virus, generando núcleos traumáticos que secuestren al Yo. Ese mecanismo psicopatológico hace que una traición, una humillación pública, los ataques de pánico o el consumo de drogas infecten la mente.

Se puede combatir una infección viral o bacteriana con medicamentos, pero no se puede combatir con fármacos un núcleo traumático en la memoria, ni puede ser borrado por el Yo, como vimos. La única posibilidad de superación es reeditar las ventanas traumáticas —por ejemplo, por medio de la técnica de dudar, criticar y decidir (DCD)— o construir ventanas saludables alrededor del núcleo traumático —mediante la técnica de la mesa redonda del Yo. Vimos esta segunda técnica en la primera Mega TGE, que trató de la reedición y reconstrucción de la memoria.

Proteger la emoción a mediano y largo plazo y contra los ataques de los estímulos estresantes almacenados en la memoria es filtrar, o mejor, reciclar la basura acumulada en nuestro pasado. ¿Qué basura fue depositada en su pasado? ¿Fobias, decepciones, resentimientos, privaciones, incomprensiones, soledad? Nadie está libre de tales tempestades. Pero siempre debemos recordar que proteger la memoria significa reeditarla o reconstruirla, nunca eliminarla. El infierno emocional está lleno de personas que desean eliminar sus traumas.

TGE 2. Filtrar los estímulos estresantes del presente para no comprar lo que no le pertenece

Ya vimos cómo proteger la emoción contra los estímulos estresantes del pasado. Pero ¿qué podemos hacer para responder de manera adecuada a los estímulos del presente? Lo primero es aprender a no comprar lo que no nos pertenece. Con frecuencia, nuestros colaboradores, hijos, cónyuge, amigos nos ponen en un pequeño círculo de fuego, envolviéndonos en conflictos, críticas, problemas que nada tienen que ver con nosotros, y acabamos "consumidos" por ellos con mucha facilidad. Nuestra emoción no tiene filtro.

Los medios de comunicación tienen una predilección por cautivar al espectador con noticias sobre las miserias humanas. La mente del espectador se convierte en una esponja que absorbe accidentes de aviación, corrupción de políticos, ataques terroristas, formando un *pool* de ventanas *killer* incluso de débil intensidad, que poco a poco transforman en un desierto el territorio de la emoción, el placer y la ligereza de la vida. Ése es uno de los factores que nutren la paradoja de la actualidad, como ya comenté: nunca tuvimos una industria del entretenimiento tan poderosa y, al mismo tiempo, una generación tan triste, con la emoción inestable y poco profunda.

No hace mucho tiempo, al encontrar al presidente de una gran televisora, le dije que no pocos programas televisivos le hacen un flaco favor a la sostenibilidad emocional del espectador, pues lo estimulan a comprar desgracias que no le pertenecen. Informarse es vital para tener una consciencia crítica, pero podríamos informarnos con millones de noticias saludables sobre lo que sucede en el teatro social, y no sólo sobre la basura que éste produce.

Resalté que los productores y los guionistas tenían que conocer el funcionamiento básico de la mente humana y el

Programa de Gestión de la Emoción para liberar su imaginación y dar un salto en su creatividad. De ese modo, podrían provocar la mente del espectador con escenas inteligentes, que exaltaran la ética, y no sólo la corrupción; que promovieran la justicia social, y no casi exclusivamente las atrocidades; que patrocinaran la esperanza, y no casi en exclusiva el homicidio y el terrorismo. Así, los medios serían, además de una fuente de información y conocimiento, una fuente promotora de la educación de los fantasmas emocionales del espectador.

La prensa tiene que comprender los fenómenos que ocurren en los bastidores de la mente. Entender su importante papel en la nutrición emocional de los lectores, espectadores y oyentes. Es un peligro informar sólo sobre las desgracias políticas y sociales sin comentar sobre los actores honestos que actúan en las más diversas áreas.

Pero alguien dirá: "El espectador quiere ver sangre, se siente atraído por las desgracias sociales, por el horror político y por las crisis económicas". ¡Craso engaño! Al mejorar la dieta emocional, se cambia el paladar mental. Y no es distinto en el caso del cine. Me impresiona la falta de creatividad en los argumentos. Viciamos al público en las miserias humanas.

Sin aprender a filtrar, aunque sea en forma mínima, los estímulos estresantes, la memoria se va llenando de ventanas traumáticas, la emoción se va convirtiendo en un rehén de esas zonas de conflicto y se vuelve cada vez más fluctuante, lábil, malhumorada, pesimista, insegura, encapsulada en sí misma.

Debemos ser compradores responsables en el gran mercado de la emoción. No es necesario haber tenido una infancia traumatizada para enfermar emocionalmente; basta con vivir sin filtros en esta sociedad estresante, seguir una dieta emocional inadecuada, y será amplia la probabilidad de que nos roben la calidad de vida y la felicidad.

TGE 3. Filtrar los estímulos estresantes para aumentar los niveles de tolerancia a las frustraciones

Nada es tan vital para que el ser humano tenga salud emocional, sea creativo, productivo y proactivo, como aumentar los niveles de tolerancia a las frustraciones. Pero esa herramienta de gestión de la emoción es tan compleja que debe ser implementada en tres niveles: comprender la vulnerabilidad de la vida, el perdón y el autoperdón (que estudiaremos a continuación) y dar sin esperar nada a cambio (que ya vimos en la Mega TGE sobre construir la felicidad inteligente y la salud emocional).

Cualquier persona que vaya a firmar un contrato debe leer todas las cláusulas, incluyendo las que están entre líneas. Firmar un contrato quiere decir asumirlo, responsabilizarse por su cumplimiento. Y, de todos los contratos que usted firma a lo largo de su historia, ninguno es tan vago y profundo como el de la existencia. Sus cláusulas vitales no están definidas, son abiertas.

Risas y lágrimas, aplausos y abucheos, éxitos y fracasos, son parte inevitable del contrato de vida. Tener plena consciencia de lo efímero y lo imprevisible de la existencia hace que nuestro Yo adquiera habilidades para aumentar los niveles de tolerancia a las frustraciones y, en consecuencia, expandir las primaveras en vez de anticipar los inviernos. Lleva al Yo a ser lúcido y resiliente.

Ser resiliente hace toda la diferencia para la gestión y la protección de la emoción. Es ser capaz de no sufrir por anticipación y, al mismo tiempo, estar consciente de que vendrán críticas, pérdidas y decepciones, incluso de quien no esperamos. El Yo resiliente no es tomado por sorpresa, pues está preparado, como mínimo, para soportar las contrariedades de la vida y mantener su integridad.

El Yo resiliente no es mórbido ni pesimista, tampoco desesperanzado. Sabe que la vida es bella, fascinante, llena de aventuras, pero también sabe que, a veces, el mundo se desmorona a nuestros pies y que en esos momentos debemos escribir los capítulos más nobles de nuestra historia.

TGE 4. Filtrar los estímulos estresantes: el perdón y el autoperdón

El perdón es un acto solemne de la inteligencia, uno de los más complejos fenómenos del psiquismo humano. Las computadoras jamás perdonarán o pedirán disculpas. Quien perdona con facilidad protege su emoción y, en consecuencia, su memoria.

Debemos tener en mente que perdonar no es un acto heroico ni religioso; es un acto inteligente de alguien que procura comprender lo que está detrás de los comportamientos nocivos de los demás, incluyendo su estupidez, su arrogancia y sus errores, y llega a la importante conclusión de que una persona que hiere es una persona herida. Si usted no construye sólidamente esa conclusión, las personas que lo lastimarán marcarán su memoria con llamas que no se podrán apagar.

Esa conclusión formaba parte del diccionario del más excelente gestor de la emoción de la historia. Hace dos milenios, cuando su cuerpo temblaba sobre el madero, tuvo el coraje de proclamar: "Padre, perdónalos, porque no saben lo que hacen". Su actitud es escandalosamente altruista, no tiene precedente histórico. Fue única, singular, sorprendente.

Sería de esperar que los mecanismos metabólicos cerebrales que involucran al hipotálamo y a las glándulas adrenales hubieran entrado en acción y cerrado el circuito de la memoria del mayor Maestro de gestión de la emoción, llevándolo a reaccionar de manera instintiva, sin pensar: luchando, huyendo, sufriendo accesos de ira o, más probablemente, enturbiando su consciencia. Pero el Maestro de la emoción dejó atónitas a la psiquiatría y a la psicología, así como a las religiones que lo siguen, al abrir el circuito de la memoria y perdonar a sus verdugos cuando todas las células de su cuerpo estaban muriendo.

Las religiones han cometido atroces errores en el pasado, y todavía los cometen, al excluir a las minorías, al reprimir los derechos humanos, al lastimar a los que piensan diferente, y lo hacen porque fueron claramente omisas en estudiar la increíble mente del hombre más famoso de la historia. Para Él, los soldados romanos no sólo estaban cumpliendo con la condena de Pilatos al azotarlo y aterrorizarlo, sino que eran rehenes de su propio pasado, estaban secuestrados por sus traumas y por su cultura.

El Maestro de la gestión de la emoción estaba clavado en una cruz, pero era libre emocionalmente. Sus verdugos eran libres, pero eran esclavos de su propia mente. Al comprenderlos en una situación en la que era casi imposible pensar, Él adquirió herramientas notables para filtrar los estímulos estresantes y perdonar. Y al perdonar, alivió su dolor emocional, se protegió. El perdón es una herramienta fundamental para aumentar los niveles de tolerancia a las frustraciones. Sin embargo, el perdón, reitero, debe estar cimentado en la inteligencia.

Reconocer los propios errores y pedir disculpas es un acto solemne de inteligencia. Quien tiene la necesidad neurótica de ser perfecto revela una gran resistencia a perdonar a los demás y, más todavía, a perdonarse a sí mismo, lo que hace que no esté preparado para convivir con las personas y abrazarse. Recuerde que la primera herramienta para desarrollar la felicidad inteligente y la calidad de vida es renunciar a la perfección. Considerarse como un ser humano en construcción, sujeto a fallas, es algo vital para relajarse, darse una nueva oportunidad y tener salud emocional.

Debido a la rápida acción del fenómeno RAM, las estrategias utilizadas a lo largo de la historia fueron más que ineficientes. Producirían efectos opuestos, como rechazar, odiar, excluir, evitar, negar, intentar olvidar, distraerse. De acuerdo con el proceso de gestión de la emoción, tales estrategias, usadas exhaustivamente hoy en día, sea en las empresas, familias o universidades, estimulan los niveles de tensión que facilitan el registro de las ventanas *killer*.

Rechace, odie o intente olvidar un momento trágico, una persona agresiva o una situación humillante. Usted será eficiente no para eliminarla, sino para traerla con usted cuando toma sus alimentos, y así acabar con su apetito.

El favor más grande que puede hacerle a un enemigo es odiarlo e intentar excluirlo de su mente, pues así él quedará registrado de manera privilegiada en su memoria y lo acompañará siempre. La mayor "venganza" contra un enemigo es entender que, al ser una persona herida, él hiere al otro, y comprenderlo y perdonarlo de forma inteligente. Así, él deja de habitar en usted como un vampiro emocional que succiona su paz.

No existe, sea en la vida de un rey o de un súbdito, de un billonario o de un miserable, cielo sin tempestad ni trayectoria sin accidentes. Cierta vez, el alcalde de una gran ciudad, una de las más bellas que he conocido, me dijo llorando que no veía la hora de volver al anonimato. No soportaba el peso de su cargo, codiciado por muchos políticos. Su mente estaba dramáticamente desprotegida. Él daba lo mejor de sí para dirigir la ciudad, pero no sabía ser autor de su propia historia. Tropezaba en todas las herramientas de gestión de la emoción para filtrar los estímulos estresantes. Vivía bajo el ataque de los fantasmas mentales clavados en su memoria, compraba lo que no le pertenecía, las críticas lo secuestraban, las injurias lo invadían. Por fin, se convirtió en su mayor verdugo: era superexigente consigo mismo, no sabía relajarse y perdonarse.

Algunos reyes, celebridades, empresarios y líderes, aunque envidiados socialmente, viven tan estresados que no pocas veces sueñan con cambiar de vida con las personas más sencillas. Reitero: el cielo y el infierno están muy cerca si no sabemos gestionar la emoción.

16

La gestión de la emoción
y el importantísimo índice GEEI

**Economizar y preservar los recursos
para ser sustentable**

E stamos en la era de la economía, del consumo responsable. Cualquier nación seria tiene que pensar en el futuro, gastar menos de lo que colecta en impuestos, ahorrar recursos para invertir en infraestructura, educación y salud. Desperdiciar los recursos o gastarlos de manera inadecuada es cometer un crimen contra las próximas generaciones.

Del mismo modo, un consumidor que desea vivir días tranquilos en las sociedades capitalistas debe saber que la presencia del dinero no es garantía de felicidad, pero su falta garantiza la infelicidad, el estrés y la ansiedad. Cuidar la salud psíquica no se trata sólo de proteger la mente, trabajar las pérdidas y resentimientos, sino también de saber vivir dentro del presupuesto y no engañarse con el consumo. Quien no tiene inteligencia financiera agotará su cerebro y será un serio candidato para visitar a psiquiatras y psicólogos.

Asimismo, cualquier ser humano que desea tener un planeta sustentable, sin escasez de agua, inseguridad alimentaria, calentamiento global debe mitigar la emisión de bióxido de carbono, conservar los recursos naturales, reducir el consumo de energía eléctrica y de agua, cuidar los bosques.

Pero ¿quién se preocupa por la sustentabilidad emocional? ¿Quién usa la inteligencia para ahorrar sus recursos mentales? ¿Quién es educado para preservar y renovar la energía cerebral?

El mayor error de la especie humana no es devorar los recursos naturales del planeta, sino los recursos de la mente. Primero, destruimos el planeta psíquico por los altos índices de gasto de energía emocional inútil (GEEI); después, destruimos el planeta físico. Si somos verdugos de nuestro cerebro, ¿cómo esperar que seamos generosos con el planeta? Muy probablemente, usted quedará impactado con su GEEI, un fenómeno que ha transformado a las sociedades modernas en hospitales psiquiátricos, y conducido a la crisis en la formación de pensadores, a la fragmentación de las relaciones sociales y a la asfixia del desempeño profesional.

Cerebros agotados

¿Usted dejaría un aparato prendido veinticuatro horas al día sin un mecanismo de apagado automático? ¿Dejaría su vehículo con el motor encendido día y noche? ¿Saldría de su casa dejando la regadera abierta, el aire acondicionado y el televisor prendidos? Creo que nadie sería irresponsable hasta ese punto. ¿Pero apagamos nuestra mente? ¿Hemos desconectado nuestro intelecto de las preocupaciones por el futuro? ¿Hemos procurado relajarnos y contemplar lo bello?

Si usted despierta cansado, tiene dolores de cabeza, déficit de memoria, sufre por anticipación, tiene dificultad para convivir con las personas lentas, se irrita por pequeñas contrariedades, quizás está saqueando su energía cerebral. No sabemos preservar la salud mental ni economizar el trabajo intelectual, ni tampoco el de nuestros hijos y alumnos. Por eso, todas las universidades deberían estudiar el índice GEEI.

Son raras las personas entrenadas para preservar los recursos emocionales. Incluso las que meditan, aman las artes y cuidan la naturaleza pueden agotar su cerebro con conflictos, timidez, impulsividad, perfeccionismo, hipersensibilidad a estímulos estresantes, preocupación neurótica por lo que otras personas piensan y hablan de ellas. Las únicas personas que me sorprendieron en mi larga jornada como profesional de la salud mental y productor de conocimiento fueron miembros de tribus indígenas.

Recuerdo una vez que di una conferencia a los líderes de más de sesenta tribus. Eran lectores de mis libros, con los cuales aprendían también el idioma portugués. Cuando les pregunté si padecían los síntomas clásicos que comenté arriba, nadie levantó la mano. No despertaban fatigados, no tenían síntomas psicosomáticos, no eran irritables ni sufrían por problemas que todavía no habían sucedido. Quedé intrigado y, en un primer momento, creí que no me estaban entendiendo. Pregunté entonces quién aceptaría que yo pasara una temporada en su tribu. Todos levantaron la mano. En ese momento percibí cómo nosotros, en nuestra bella civilización digital, estamos tan colectivamente estresados que habríamos respondido todo lo contrario.

Vivimos en una sociedad de consumo, agitada, tensa, pautada por la competitividad, escasa de diálogo y harta de productos, donde el tiempo es una mercancía de lujo. Pero ésa es la sociedad en que vivimos, y tenemos que saber sobrevivir con dignidad y reciclarla. Reclamar sólo aumenta el índice GEEI. Quien todo el tiempo se queja de la sociedad, de los políticos corruptos, de la crisis económica, de la violencia social y del carácter de las personas que lo rodean agota su cerebro con más facilidad. La clave es proteger la emoción, reinventarse, construir una felicidad inteligente, convertirse en un emprendedor saludable y astuto.

El capitalismo estimuló la innovación, promovió la eficiencia, expandió la tecnología, llevándonos a un éxito inimaginable en el mundo exterior, pero no promovió el éxito emocional. Nuestra mente no es estable, no está relajada, no es libre, imaginativa, resiliente, contemplativa. Hablamos con el mundo a través de los celulares, pero no sabemos comunicarnos con nosotros mismos. Intercambiamos ideas sobre economía, política, deportes, pero, como vimos, no sabemos tener un autodiálogo para domesticar a nuestros fantasmas emocionales y neutralizar nuestras tensiones.

Contratamos un seguro para proteger nuestros bienes materiales, pero no aplicamos herramientas para asegurar y proteger el mayor de todos los bienes: nuestra emoción.

Tarde o temprano, cerca de 50 por ciento de la población mundial desarrollará un trastorno psiquiátrico. Las investigaciones revelan que 20 por ciento de la población, equivalente a 1.4 mil millones de personas, desarrollará el último estadio del dolor humano: el trastorno depresivo. Y lo que es peor: la minoría será diagnosticada, y la minoría de la minoría encontrará a un buen profesional de la salud mental que, dentro del alcance del tratamiento, disponga de instrumentos psicoterapéuticos para que sus pacientes aprendan a filtrar los estímulos estresantes y a gestionar su emoción.

De acuerdo con la Teoría de la Inteligencia Multifocal, el índice GEER, bien utilizado, se puede convertir en el instrumento psicosocial más confiable para medir la habilidad del Yo como gestor de la mente humana. También puede poner en evidencia, en los casos en que el desgaste de energía emocional es descomunal, las probabilidades de desarrollo de enfermedades mentales y psicosomáticas, identificar los bajos índices de tolerancia a las frustraciones (las cuales abren las puertas para la violencia doméstica, el *bullying* y, principalmente en el caso de los jóvenes, el consumo de drogas).

Cuando más alto sea el índice, menor será la capacidad de ser líder de uno mismo, de tener un placer estable, superar las crisis, reciclar los conflictos. Los altos índices de GEEI, reitero, enferman la mente y asfixian la inventiva, la proactividad, la determinación, la mirada multifocal y la capacidad de anticiparse a los hechos.

Y, al contrario, cuanto menor sea el índice GEEI, mayor será el grado de salud mental, el relajamiento, la tranquilidad, la autonomía, la estabilidad emocional, la capacidad de anticipación a las tempestades de la vida.

Medir la genialidad por el coeficiente de inteligencia (CI), esto es, analizando el rendimiento intelectual, pero negando las habilidades socioemocionales de la gestión mental, como pensar antes de reaccionar y ponerse en el lugar del otro, es algo completamente arbitrario, distorsionado y superficial. Una persona puede ser genial en la construcción lógica del pensamiento y, al mismo tiempo, ser egocéntrica, autoritaria, autopunitiva, destructora de su propia salud emocional y devoradora de la salud de los demás.

El Coeficiente de Gasto de Energía Emocional Inútil (CGEEI)

Me gustaría introducir un nuevo coeficiente, el Coeficiente de Gasto de Energía Emocional Inútil (CGEEI), para analizar el grado de protección mental, la gestión del Yo y el consumo responsable de los recursos cerebrales. Quienes presentan un CGEEI bajo son los genios de la gestión de la emoción. Los genios que las sociedades más necesitan no son los que tienen un gran espacio de almacenamiento en la corteza cerebral para registrar datos, asimilarlos y reproducirlos. Son aquellos que educan su Yo para liderar la emoción, prevenir trastornos psíquicos y sociales, apasionarse por la humanidad y preocuparse por su viabilidad y sustentabilidad.

Al estudiar los comportamientos que generan gastos de energía emocional poco inteligentes, veremos que el CGEEI no es un índice marcadamente teórico, sino objetivo. Mi sueño es que cada vez más médicos, psicólogos, psicopedagogos, sociólogos y *coaches* trabajen e investiguen este nuevo instrumento.

Somos consumidores emocionales irresponsables

Los niños y jóvenes con un alto índice GEEI pueden comprometer seriamente no sólo su salud mental, sino también su rendimiento intelectual y sus funciones cognitivas, como la concentración, la memoria y la elaboración de razonamientos.

Debemos aplicar las TGE para formar parte del equipo de los anormales, de quienes ahorran recursos psíquicos para irrigar una mente libre, creativa, proactiva, imaginativa, contemplativa. Amamos la libertad. Por ella, las sociedades hicieron revoluciones, cavaron túneles, promovieron huelgas, impulsaron movimientos sociales; sin embargo, ser libre en el teatro social no quiere decir necesariamente ser libre en el teatro mental. Tener altos índices GEEI es la forma más cruda y estruendosa de revelar que somos prisioneros en nuestra mente.

La palabra *libertad* está grabada en las páginas del diccionario, pero no siempre en las de la historia de cada uno de nosotros. Está garantizada por la Constitución, pero no en el territorio de la emoción. No hay libertad concreta si consumimos la energía mental de manera irresponsable.

Tenemos que hacer un diagnóstico transparente, honesto, de los comportamientos vitales que nos agotan. Muchos no se hacen un *check-up* físico por miedo de descubrir enfermedades. Tienen una creencia ingenua de que "quien busca, encuentra". Del mismo modo, muchos no hacen un *check-up* de su interior por miedo de lidiar con locuras, fallas, incoherencias, inmadurez.

Es preciso tener valor para asumirse como ser humano, y no como dios. Entender que las personas tranquilas también tienen momentos de agresividad, que las personas amables también tienen ataques de egoísmo, y que las personas lúcidas tienen, en ciertos momentos, reacciones irracionales.

Recuerde que es necesario tener disciplina para practicar la Mega TGE que promueve la salud emocional, mapea los fantasmas mentales y nos lleva a superar los conflictos. Recordemos sus herramientas:

1. Renunciar a la necesidad de ser perfecto.
2. Tener autoconsciencia, es decir, interiorizarse, sumergirse dentro de uno mismo y bombardearse con preguntas para hacer una evaluación empírica sobre cómo reacciona usted a los eventos, trabaja las pérdidas y frustraciones, construye sus relaciones sociales.

3. Automapearse, esto es, diagnosticar los fenómenos mentales (fobias, obsesiones, ansiedad, impulsividad) y las falsas creencias.

4. Establecer metas claras para optimizar la energía cerebral con el fin de superar los conflictos de manera constructiva.

5. Tener enfoque y disciplina para construir plataformas de ventanas *light* o reeditar las ventanas *killer*.

6. Hacer elecciones y saber que todas ellas implican pérdidas.

El efecto de la falta de relajamiento cerebral en el índice GEEI

El cerebro humano necesita estar en un estado de relajamiento básico para cumplir con maestría sus tareas cognitivas o intelectuales, como memorizar, concentrarse, asimilar, pensar, razonar, así como las no cognitivas o socioemocionales, como ser autor de su propia historia, ser flexible, atrevido, generoso, afectivo.

Sin embargo, las sociedades modernas no favorecen el relajamiento cerebral. Hay muchos estímulos amenazadores que nos ponen en estado de alerta; en ese estado, es preferible reaccionar a razonar, sobrevivir a reflexionar, sea luchando contra las amenazas, huyendo o escondiéndose. Por ejemplo, si usted está cruzando la calle y un auto frena cerca con brusquedad, usted no saludará amablemente al conductor y le deseará un buen día; su primera reacción será apartarse para no ser alcanzado, en realidad. O bien, si usted está en una tienda departamental y un ladrón irrumpe y comienza a disparar, usted no sigue paseando y haciendo compras.

En momentos altamente estresantes, su cerebro abandona el estado básico de relajamiento, cierra el circuito de la memoria y produce una revolución metabólica que lleva a su cuerpo al límite para reaccionar rápida y violentamente. Las señales del hipotálamo, una importante región cerebral, llegan a las glándulas adrenales a través de los nervios simpáticos, liberando las hormonas del estrés, como la adrenalina y la noradrenalina. ¿El resultado? Un aumento de la frecuencia cardiaca, que da la impresión de que su corazón se le saldrá por la boca; los pulmones comienzan a ventilar rápidamente, y usted comienza a jadear; la presión sanguínea y la respuesta inmunitaria suben. Todo eso para exaltar la fuerza muscular a fin de huir o luchar. En esas situaciones, preservar la vida es mucho más importante que pensar, hacer conjeturas, analizar datos. En pocos minutos, usted gasta la energía que gastaría en veinticuatro horas en condiciones normales. Pero ese gasto no es inútil.

¿Por qué tiene su cerebro esas reacciones sorprendentes? Porque, para él, usted no es un número más en la multitud, sino un ser humano único, inigualable, insustituible. Su Yo puede disminuir su valor, puede sentirse inferior ante algunos intelectuales, menospreciarse ante autoridades políticas y celebridades, pero su cerebro nunca lo hará, mucho menos cuando su vida está en riesgo. Repito: para su cerebro, nadie es más importante que usted; usted es el centro del Universo.

Nuestro cerebro siempre nos defenderá con todos los recursos que posee, mucho más que nuestros padres, hijos y amigos. Usted puede ser un verdugo de su cerebro y, aun así, él jamás será su verdugo; usted puede traicionar su sueño y su calidad de vida, pero él jamás lo traicionará. Usted puede gastar energía cerebral inútilmente, pero él, incluso siendo maltratado, estará siempre en vigilia, protegiéndolo.

No obstante, no es soportable, para su cerebro, vivir atrincherado de manera continua, sentirse en constante estado de alerta o de guerra para protegerlo. Vivir al límite del estrés para dar respuestas dramáticas es importante en ciertos momentos, pero es muy desgastante si se trata de algo continuo.

Por eso, instantes después de pasar por una situación concreta de peligro a la vida, en la cual se procesaron reacciones dramáticas de protección, su cuerpo necesita calmarse: el corazón, los pulmones y otros órganos necesitan relajarse. Para eso, entran en acción otros poderosos mecanismos metabólicos para neutralizar el proceso de estrés. La región del hipotálamo libera la hormona que estimula la corticotropina (CRH), haciendo que su hipófisis produzca la hormona adrenocorticotrópica (ACTH), la cual llega, a través de la circulación sanguínea, a sus glándulas adrenales (las mismas que desencadenaron la respuesta rápida). Estas glándulas producen entonces el cortisol, que da un grito de alerta a los mecanismos biológicos: "¡Cálmense, este tipo tiene suerte, ¡no se murió!". El cortisol mengua los mecanismos que produjeron la reacción violenta. Su corazón y sus pulmones comienzan a desacelerarse. En ese momento, usted respira profundamente, se relaja y celebra: "Estoy vivo. Siento que volví a nacer".

Todos esos fenómenos metabólicos ocurren a los seres humanos de todas las etnias y culturas: cuando un africano está ante un león, un indio se enfrenta con un tigre, un granjero encuentra una serpiente, un niño sufre una caída, un ejecutivo pierde el empleo, alguien es rechazado en una relación, un profesor es criticado públicamente, un paciente entra en un quirófano, un hipocondríaco mide su presión sanguínea. Ese mecanismo se dispara varias veces a lo largo de nuestra vida.

Pero ¿sabe cuál es el gran problema (grande no, dramático)? El cerebro es un guardacostas ingenuo y no distingue una amenaza real de una imaginaria. Un ataque de pánico puede ser tan aterrorizante para él como un infarto; una crítica puede causar más dolor que la mordida de una serpiente; un rechazo puede herir tanto como las garras de un depredador.

En las sociedades modernas —urgentes, consumistas, competitivas, poco generosas, bombarderas de información— nuestro cerebro siempre está en estado de alerta. Los ejecutivos, los maestros, los médicos, los abogados están al límite. Usted está al límite. Los cerebros atrincherados producen altos índices GEEI, que promueven mentes agotadas. Lo peor es que, cuando no tenemos enemigos reales, los creamos.

De esa forma, los mecanismos que deberían protegernos en situaciones reales se detonan en situaciones psicosociales y nos perturban. No es por casualidad que muchas personas tengan taquicardia, sudores, falta de aire, dolores musculares, nudo en la garganta. Síntomas que sólo deberían aparecer en situaciones de riesgo, para prepararnos para ellas. La sociedad, que debería protegernos, se convirtió en una fuente de estímulos estresantes. Nuestro Yo, que debería gestionar la emoción y nutrir la tranquilidad, se volvió una fuente de fantasmas mentales. Por eso, todos deberíamos educar a nuestro Yo para ejercer las Técnicas de Gestión de la Emoción. Es una cuestión de supervivencia.

No es posible gastar energía cerebral sin sufrir desgastes emocionales, y viceversa. El gasto irresponsable de energía emocional/cerebral es insustentable. Como he dicho en conferencias para magistrados, nunca en las sociedades libres hubo tantos esclavos en el único lugar en el que es inadmisible estar encarcelado.

No me inclinaría ante una autoridad política o una celebridad, pero me inclino ante los maestros pues, para mí, ellos son los profesionistas más importantes del teatro social. Pero el sistema educativo mundial, con sus debidas excepciones, está enfermo, formando personas enfermas para un sistema enfermo. Es excesivamente cartesiano, preponderantemente cognitivo, no entrena ni en forma mínima al Yo para gestionar la emoción con el fin de tener un planeta cerebral protegido y saludable.

Estamos formando no sólo personas enfermas, sino también empresas, escuelas, universidades, familias, reli-

giones cuyos miembros tienen un gasto de energía emocio-
nal/cerebral dantesco, descomunal. Las mejores personas
están enfermando más rápidamente porque, aunque se
preocupen por los demás, sean éticas y generosas, se ponen en un lugar indigno en su propia agenda. Es tiempo de
que usted analice, en forma cruda y transparente, el lugar
en que se coloca a sí mismo en su agenda.

17
Mega TGE: gestionar los comportamientos que promueven el índice GEEI

D ebemos usar el pasaporte de la autoconsciencia para viajar dentro de nosotros mismos y mapear nuestros comportamientos externos e internos que expanden el gasto de energía cerebral y emocional de forma inútil e irresponsable.

En este capítulo final, describiré los ocho tipos más importantes de comportamiento que elevan el índice GEEI a las alturas y los mecanismos básicos para neutralizarlos.

Para realizar la tarea de gestionar tales comportamientos desgastantes, echaremos mano de todas las sofisticadas Técnicas de Gestión de la Emoción que vimos hasta ahora. Siempre debemos tener en mente que no existen fórmulas mágicas: la palabra clave de la gestión de la emoción, como ya vimos, es "educación", aliada a un entrenamiento constante.

Disminuir el desperdicio de energía biopsíquica para usarla para expandir el índice de gasto de energía emocional útil (GEEU), que es lo opuesto al índice GEEI, debe ser

nuestra gran meta. El índice GEEU se expresa con la autonomía, la autodeterminación, la creatividad, la osadía, la
flexibilidad, la psicoadaptación a las épocas difíciles, la capacidad de reinventarse, de filtrar estímulos estresantes,
construir la felicidad inteligente, cimentar la calidad de
vida, prevenir trastornos mentales, promover relaciones
saludables y expandir el desempeño profesional.

Los altos índices GEEI bloquean las funciones más importantes de la inteligencia socioemocional, pulverizan el
índice GEEU y comprometen incluso la concentración, la
memoria, el raciocinio, en fin, todo el desempeño intelectual, social y profesional. Veamos los comportamientos que
agotan el cerebro y que son los villanos de nuestra salud
emocional.

Sufrimiento por anticipación

El primer comportamiento que debe ser gestionado porque
desgasta el cerebro de forma intensa e irresponsable es el
sufrimiento por el futuro, la angustia por hechos que todavía no suceden.

La mente humana es una fábrica de construcción de
pensamientos dialécticos/lógicos y antidialécticos/imagi-
narios. Pensar no es una opción del Yo; es un proceso inevitable. Si el Yo no tiene acceso a la memoria y no puede
producir cadenas de pensamientos siguiendo una trayectoria consciente, otros fenómenos inconscientes lo harán,
como el gatillo, la ventana de la memoria y el autoflujo.

Los fenómenos inconscientes que leen la memoria son como "copilotos" del Yo: ayudan a pilotear la aeronave mental. Sin embargo, pueden perder su función y causar desastres emocionales. Es decir, los copilotos son fundamentales para la maniobrabilidad de la compleja aeronave mental, pero si usurpan, dominan y controlan los instrumentos de navegación, en especial, el proceso de lectura de la memoria, transforman al Yo en un mero actor secundario y llevan a la aeronave a sufrir graves accidentes.

El gatillo, por ejemplo, es accionado miles de veces al día, abriendo ventanas o archivos que nos hacen tener las primeras interpretaciones de los estímulos que nos acometen. Sin embargo, cuando se ancla en una ventana *killer*, puede producir pensamientos y preocupaciones que perturban la psique, y secuestran al Yo.

El autoflujo es un copiloto que hace lecturas aleatorias en la memoria. Debería ser la mayor fuente de pensamientos e imágenes mentales que promueven la inspiración, la motivación y la curiosidad. Sin embargo, cuando se ve sobreestimulado por el exceso de información, puede volverse una fuente de ansiedad. En ese caso, comienza a leer la memoria a una velocidad increíble, generando el Síndrome del Pensamiento Acelerado.

Hoy en día, muchos niños y adolescentes sufren por anticipación, despiertan cansados, tienen dolores musculares o de cabeza, además de déficit de memoria. A pesar de estar comenzando su vida, su cerebro ya está agotado.

Los niños saben manejar la computadora, el celular y la *tablet* como nadie, y sus padres los tratan como si fueran genios. No entienden que así sus hijos alteran peligrosamente el ritmo de construcción de pensamientos y experimentan altos índices GEEI, lo que puede llevar a déficits en la construcción de funciones socioemocionales fundamentales, como bajos niveles de resiliencia, proactividad y tolerancia a las frustraciones. El desgaste cerebral continuo hace que los genios desaparezcan en la adolescencia y en su lugar surjan jóvenes impacientes, irritables, inquietos, especialistas en reclamar y en querer todo rápido y listo.

Para neutralizar esa ansiedad crónica que se abate sobre niños y adolescentes, los padres y los educadores deberían involucrarlos más en juegos, invertir en el diálogo fuera de las redes sociales, así como en actividades lúdicas distintas de los *videogames*, como pintar, tocar un instrumento, practicar deporte, coleccionar objetos.

Y los adultos, ¿sufren por anticipación? En todos los lugares donde he dado conferencias, como Israel, Rumania, España, Bogotá y Estados Unidos, el desgaste de energía cerebral por el futuro es descomunal. Muchos adultos son "mentes preocupadas", parecen llevar su cuerpo a cuestas, viven fatigados, tensos, irritables, olvidadizos.

Sufrir constantemente por el futuro puede enviciar al cerebro tanto como las drogas, pues hace que el hipotálamo active con frecuencia mecanismos de lucha y fuga, conduciendo a la mente a estar siempre en estado de alerta, atrincherada, tensa. ¡Cuidado! Ese comportamiento promueve altísimos índices GEEI.

Toda preocupación es un sufrimiento por anticipación. Algunas preocupaciones son legítimas, pero cuando son frecuentes y estresantes, se transforman en autoagresión. Hay profesionistas notables para su empresa, pero son autovioladores de su calidad de vida; son eficientes para cumplir metas, pero pésimos para establecer un romance con su salud emocional. Se preocupan por preservar el planeta, pero son irresponsables para preservar el planeta cerebral.

Probablemente, más de 90 por ciento de nuestras preocupaciones con respecto al futuro genera un consumo de energía inútil porque no se materializa. Y el 10 por ciento restante, cuando se concreta, suele no ser tan catastrófico como lo habíamos dibujado en nuestra imaginación.

El principio de la gestión de la emoción está en entrenar al Yo. Todos los días debemos entrenar a nuestro Yo para gestionar los pensamientos, confrontarlos e impugnarlos en el silencio mental. La práctica del DCD y de la mesa redonda del Yo puede ser muy útil. Debemos tener plena consciencia de que pensar es bueno, pero pensar sin gestión es una bomba contra la salud mental.

Rumiar el pasado y el rescate de resentimientos

Tanto el Yo como los fenómenos inconscientes que leen la memoria pueden anclarse en ventanas *killer*, llevándonos no sólo a sufrir inútilmente por el futuro, sino también a rumiar el pasado.

Todos los pensamientos, razonamientos, síntesis, estrategias se nutren de información pasada, aunque ésta haya sido registrada pocos segundos o minutos antes. Usar el pasado de manera inteligente es producir ideas, osadía, re-flexión, sueños, proyectos de vida, es de gran utilidad, pero anclarse en él para revolcarse en el fango de las pérdidas, las críticas, las calumnias, los rechazos, las traiciones, las decepciones es altamente desgastante. Es una violencia contra uno mismo, un castigo fatal.

Quien no es capaz de sepultar el pasado no construye su presente, somete al aparato mental a sufrir un consu-mo de energía insensato. Ser rehén del pasado es altamen-te encarcelador: preserva el dolor psíquico, fomenta crisis, realimenta el sentirse miserable, promueve una eterna victimización. Enterrar el pasado mediante el reciclaje de las ventanas traumáticas no es un acto heroico del Yo, sino una actitud posible y vital para ser un individuo emocional-mente libre y, de ese modo, disminuir el índice GEEI.

Quien fue traicionado en una relación amorosa y no reedita la memoria gravita en torno de la traición; al en-tregarse a un nuevo romance, tiene oportunidad de cruzar el trauma pasado con el amor del presente, lo que puede llevar al desarrollo de paranoia y al miedo constante de pérdida. La persona queda presa en la idea de que el otro la está traicionando y, en consecuencia, intenta vigilarlo, controlarlo.

Quien perdió un empleo, fue humillado públicamente, pasó por una crisis financiera, fue objeto de burlas por su obesidad, por el color de su piel, por su religión o por su orientación sexual tiene que reeditar las ventanas *killer* o zonas traumáticas que contienen las experiencias estre-santes. En caso contrario, el fantasma del pasado se podría convertir en un núcleo traumático que le atormentará en el presente, generando timidez, inseguridad, complejo de inferioridad, fragmentación de la autoestima y miedo de la crítica social.

Recuerde la mesa redonda del Yo y el DCD como importantes Técnicas de Gestión de la Emoción para domesticar y neutralizar los fantasmas emocionales.

Recuerde también la Mega TGE que promueve la protección de la emoción: protéjase contra los ataques de la memoria, no compre lo que no le pertenece, aumente su umbral para las frustraciones y perdone a los demás y a sí mismo.

Quien entierra sus cadáveres emocionales vive en un eterno velorio existencial, gastando energía emocional inútil. Cuando las pérdidas lo atormenten, cuando las crisis toquen a su puerta, cuando alguien en quien usted apostó lo hiera, no venda su paz, no irrigue el sentimiento de venganza, de odio, ni la culpa; no agote su cerebro ni convierta su memoria en un desierto con ventanas *killer*. Tenga siempre en mente que la mayor venganza contra un enemigo es perdonarlo; eso no resuelve el problema de él, pero resuelve el suyo: él deja de ser su verdugo. Estimule a su Yo a gritar silenciosa y diariamente: "¡Los mejores días están por venir!".

Detallismo: preocupación neurótica por los detalles

Observar los detalles es importante, pero perderse en el detallismo es un desperdicio de energía emocional, una

pésima preocupación neurótica. Y toda necesidad neurótica es un deseo excesivo, sobredimensionado, secuestrador
de la tranquilidad.

Quien valora las nimiedades, los chismes, las habladu-
rías, las críticas, las actitudes ajenas, los pequeños problemas, sea en casa, en la escuela o en la empresa, pierde
de vista los grandes objetivos, no construye grandes estrategias, se convierte en un consumidor irresponsable de su
energía cerebral. Me sorprende la cantidad de personas
con la antena puesta en los problemas, con una atracción
irresistible por comprar lo que no les pertenece; son especialistas en contaminarse con el dolor de los demás, peritos
en involucrarse en crisis y conflictos ajenos. Y después, no
saben por qué viven estresadas, cansadas, impacientes...

En teoría, bajo el ángulo de la gestión de la emoción, un
profesionista que está al inicio de su carrera debe valorar
los detalles; a la mitad de su carrera, debe poner el énfasis en los procesos; ya en la cima, debe ser un estratega,
usar la experiencia para tomar grandes decisiones. En caso
contrario, nunca soltará el poder, se convertirá en una máquina enviciada en trabajar, que vive perturbando a sus colaboradores y con gran riesgo de infartarse siendo todavía
joven. No disfrutará de su éxito. Quien lo disfrutará serán
sus yernos, sus nueras, sus hijos. He ahí el ejemplo máximo de una persona que nunca supo tener un romance con
su calidad de vida.

Valorar los detalles es distinto a tener una necesidad ansiosa de detallismo, de querer tenerlo todo bajo su control,
de no delegar nada, de tener una autosuficiencia neurótica

de que es el único capaz de desempeñar eficazmente determinada función o de resolver determinado problema.

El detallismo es una fuente consumidora de energía cerebral. Quien es muy detallista se vuelve muy concentrador, y quien es concentrador tiene una muy grave dificultad para formar mentes brillantes, autónomas y proactivas, en fin, sucesores. Por lo tanto, además de comprometer su desempeño profesional y el futuro de la empresa, compromete también su salud mental y se convierte en verdugo de su propio cerebro. ¿Usted es un verdugo de su cerebro?

Quien actúa en lo micro afina instrumentos; quien actúa en lo macro dirige la orquesta. Aprender a entregar la batuta a los demás es una importante Técnica de Gestión de la Emoción para aliviar el detallismo. Nadie puede ser un gran líder social si no es el *Maestro* de su propia mente.

Timidez: pérdida de la espontaneidad

Las personas tímidas están entre las mejores de la sociedad. Con frecuencia son éticas, monitorean sus palabras y sus gestos, se preocupan por el dolor de los demás. Parecen vivir en un océano emocional azul. Pero ese océano es, en realidad, altamente turbulento y desgastante y promueve altos índices GEEI.

Eso porque las personas tímidas pierden a la gallina de los huevos de oro que preserva la energía emocional y lleva al cerebro a un estado básico de relajamiento: la espontaneidad. En un foco de tensión, una persona tímida puede entrar en una ventana *killer*, cerrar el circuito de la memoria y trabar el acceso del Yo a millones de datos. En ese caso, deja de ser *Homo sapiens*, se vuelve *Homo bios* y se atrinchera, como si estuviera bajo amenaza. Ser espontáneo es importante tanto para irrigar la salud emocional como para expandir la creatividad.

Muchas personas no dan respuestas en su trabajo no porque no sean capaces, sino porque su inteligencia es saboteada por la inseguridad. Eso ocurre incluso en el deporte; el miedo de fallar, de pasar por una mala fase, las críticas de los aficionados y de la prensa pueden dificultar la apertura de las ventanas saludables de la memoria, contaminando el comando cerebral, la visión del campo y la toma de actitudes triunfadoras.

Algunas personas son tan inseguras que tienen sudores (transpiración excesiva, en especial en las axilas y en las manos), al grado de tener vergüenza de saludar a los demás para no molestarlos con su sudor. Tienen miedo de perturbar a los demás, pero no les importa perturbarse a sí mismas. Sin darse cuenta, gastan una energía emocional descomunal. Deberían entrenarse para decirse a sí mismas: "¡Al diablo con lo que los demás piensan de mí! Mi paz vale oro, el resto es sólo el resto". En ninguna circunstancia deben ser agresivas, pero no deben vender su paz por un precio vil.

La timidez es un defecto en el proceso de formación de la personalidad. Muchos padres bienintencionados pueden estimular la formación de hijos tímidos e inseguros. Juzgar, comparar, silenciar y criticar excesivamente a los niños y adolescentes son actitudes que pueden producir plataformas de ventanas *killer* que intimidan al Yo y secuestran la espontaneidad, propiciando el miedo a expresarse y la preocupación excesiva por la autoimagen.

La escuela clásica también puede ser una fuente de producción de personas tímidas e inseguras. La distribución de los alumnos en hileras en el salón de clases y el no fomentar el debate de ideas provocan que el fenómeno RAM construya plataformas de ventanas traumáticas que saboteen la autonomía, la seguridad y la espontaneidad. En esos casos, el índice GEEI se va a las nubes.

Reeditando la memoria, es posible resolver la timidez, reciclar la fobia social y dar un salto en la capacidad de ser líder de sí mismo. Sin embargo, como la memoria no puede ser borrada, es necesario emplear a diario las Técnicas de Gestión de la Emoción.

En esta era de las redes sociales, hay millones de personas verdaderamente esclavas de la timidez. Se comunican por mensajes con seguridad, pero se bloquean en situaciones interpersonales concretas. Reitero: los tímidos suelen ser personas notables, pero descuidan su planeta cerebral y gastan energía mental excesiva preocupándose por el impacto de sus palabras y sus reacciones.

Cuando fallan, se tiran en el fango de la culpa. Son excelentes para perdonar a los demás, pero pésimas para perdonarse a sí mismas y relajarse. Algunas se vuelven implacables consigo mismas. Deben aprender a reírse de algunos de sus errores, fobias y comportamientos tontos. Y deben, por encima de todo, bailar el vals social sin miedo y con la mente relajada.

238 GESTIÓN DE LA EMOCIÓN

TOC: ideas fijas y rituales conductuales

La mente humana es de tal manera compleja que puede desarrollar mecanismos viciosos de lectura de la memoria, incluso sin el uso de drogas psicotrópicas. Tanto el Yo como los fenómenos inconscientes que leen la memoria pueden anclarse obsesivamente en determinados circuitos cerebrales que generan ideas fijas, rituales y comportamientos repetitivos.

Por ejemplo, determinados sujetos piensan que si no dan algunos saltos antes de abrir una puerta, alguien de su familia podría morir. Otros, cuando hablan por teléfono, tienen que repetir todo lo que el otro está diciendo, lo que convierte la vida en un tormento. Otros incluso tienen que mirar debajo de la cama antes de acostarse para comprobar que no haya un ladrón, el mismo ladrón que se pasan la vida buscando, pero que sólo existe en su mente.

También están los que leen todas las placas de automóvil que ven, los que piensan que atropellaron a alguien en la calle y tienen que rehacer el trayecto, y los que tienen que recorrer todo el centro comercial para entrar sólo en la tienda que desean. Y no podemos olvidar a los que piensan fijamente en eventos graves, como secuestros y accidentes, dispendiando tanta energía emocional como si esos eventos fueran reales.

Vivenciamos el Síndrome del Circuito Cerrado de la Memoria cuando entramos en una ventana traumática, causada ya sea por una ofensa, una crisis o una dificultad. Pero el trastorno obsesivo compulsivo (TOC) no necesita de un estímulo estresante para cerrar el circuito de la memoria. El mecanismo del TOC es tan autocontrolador y abundante que encarcela a la persona en una mazmorra continua, llevándola a tener dificultad para recorrer áreas extensas de la "ciudad" de la memoria, fijándose en determinados "barrios". Ante este mecanismo desgastante, el Yo pierde la libertad de ser, sentir y actuar en su propia casa, la mente.

Impugnar la basura mental

Si, por un lado, no hay fenómeno tan bello como pensar libremente, por el otro no hay fenómeno tan desgastante como pensar bajo un control implacable. Es fundamental romper ese ciclo de control, sea con el auxilio de medicamentos y/o con técnicas psicoterapéuticas.

Las Mega TGE, sobre todo aquella que trata de la construcción de la felicidad inteligente y de la salud emocional, y la que trata de la formación de líderes, pueden ser muy poderosas para reeditar la memoria y desarrollar la autonomía, al igual que las técnicas del DCD y de la mesa redonda del Yo. Cuestionarse e impugnar la basura mental es imprescindible. Enfrentar los focos de tensión obsesivos y dialogar con inteligencia con los fantasmas mentales también son actitudes que pueden contribuir a reeditar las ventanas *killer* y, poco a poco, generar el tan deseado autocontrol.

La vida en sí está saturada de imprevistos, pero algunas personas potencializan los riesgos, sufren por enfermedades que sólo existen en su cabeza.

Necesidad neurótica de cambiar a los demás: fricciones, críticas y tono de voz exagerado

Sólo los muertos viven en plena armonía. Los vivos, por más mesurados que sean, tienen fricciones, actitudes débiles, reacciones desconcertantes, interpretaciones conflictivas. Vivir en pareja es la mejor manera de revelar las divergencias y los errores de cada uno. Y, en toda divergencia, el Yo debería hacer el silencio proactivo y la oración de los sabios: callarse por fuera y debatir por dentro para proteger la emoción.

Sin embargo, el *Homo sapiens* no es sólo un especialista en pensar, sino también en querer cambiar a los demás. Hay determinados tipos de estímulos estresantes que promueven el juego de ventanas y archivos en la corteza cerebral, los cuales se convierten en verdaderas trampas mentales. El tono de voz elevado, la impulsividad, la rispidez, las críticas, las comparaciones, la generalización, cierran el circuito de la memoria e inician una guerra que carcome romances.

Algunas guerras entre parejas surgen incluso por motivos menores. Los cónyuges están tan especializados en pelear uno con el otro que el canal de la televisión, el volumen, la temperatura del aire acondicionado, la repetición de respuestas pueden ser suficientes para detonar el gatillo. Si no son recicladas, las peleas y discusiones forman tantas ventanas *killer* que crean un ambiente viciado. Y es posible que ese fenómeno ocurra en todos nosotros.

Las parejas armoniosas y tranquilas van perdiendo la generosidad con el paso de los años. Los padres sensatos van asfixiando su lucidez. Los profesionistas inteligentes van mermando su serenidad. La emoción pasa a dominar a la razón, se pierde la racionalidad. Con el tiempo, las personas se atrincheran y adoptan como meta fundamental cambiar al otro, sin saber que nadie cambia a nadie. Todas las estrategias que usamos para eso sólo cristalizan lo que más detestamos en quien queremos cambiar.

La mejor forma de transformar a una persona obstinada en superobstinada es intentar cambiarla, pues eso lleva al fenómeno RAM a expandir el núcleo traumático que promueve la obstinación. La mejor forma de hacer que una persona tímida se sienta más insegura es presionarla. ¿Quiere que una persona radical se vuelva más irracional? Exponga sus errores y critíquela en exceso. Una de las formas más irresponsables de consumir energía emocional es querer cambiar a los demás a hierro y fuego.

En contrapartida, si cambiamos la estrategia, es decir, si elogiamos cada acierto del otro, si exaltamos cada actitud inteligente y flexible, si aplaudimos cada gesto generoso, estimularemos la formación de ventanas *light* en la memoria de esa persona. ¿El resultado? Ella se reciclará por cuenta propia.

Pelear por cosas tontas o combatir por actitudes débiles succiona la energía cerebral de los involucrados. Discutir continuamente causa un desastre psíquico. El cerebro detona tanto el mecanismo de protección y relajamiento que, al final, se envicia en pelear. No es por casualidad que conocemos tantas parejas que pelean toda la vida y nunca se separan.

Quien se exaspera, grita y presiona ya perdió: perdió su autonomía, su sabiduría, su capacidad de racionalizar los recursos cerebrales e influenciar a las personas. Quien eleva el timbre de voz apela a los instintos para resolver conflictos, y no a la razón. Se convierte en un devorador de la energía emocional de sus hijos, alumnos, colaboradores, de su pareja y de sí mismo.

De todas las técnicas de *coaching* emocional o de gestión de la emoción para superar los comportamientos que vilipendian al cerebro, ninguna es tan bella como aprender a exponer las ideas en vez de imponerlas y, en consecuencia, dar libertad a las personas para que difieran, para que tengan opiniones diferentes y decidan su propio destino. Aceptar el ritmo de las otras personas, bromear con ellas, divertirse con sus características, en fin, ser suelto, ligero, tranquilo y lúcido es un bálsamo para la convivencia social.

Quien expone sus ideas en vez de imponerlas se convierte en un jardinero de la emoción, planta ventanas *light* en la memoria de los demás, produce semillas inolvidables que los influencian positivamente para reciclarse. Quien supera la necesidad neurótica de cambiar a los demás se transforma, por lo tanto, en un poeta de la vida. Un día, cuando menos se espera, las semillas eclosionan, produciendo una profunda primavera emocional.

No trate de cambiar el cerebro de las personas; cambie usted, cambie su estrategia, proteja a su cerebro.

Usurero de la emoción: exigencia excesiva y necesidad de controlar a los demás

Un usurero es un transgresor social: presta dinero y cobra intereses exorbitantes, casi impagables. Un usurero de la emoción es un transgresor emocional: se da a su pareja, pero cobra caro, exigiendo a la otra persona que gravite en torno a su órbita. Le critica excesivamente, no le deja respirar. Los "intereses" son tan caros que jamás pueden ser saldados. El usurero de la emoción tiene gran dificultad para exaltar a quien ama y gran facilidad para humillar y castigar.

Cuando, por ejemplo, una persona traiciona a su pareja y después se arrepiente y pide una segunda oportunidad, yo, como psiquiatra e investigador del funcionamiento de la mente, entiendo que existe una posibilidad de que la relación dé un salto en generosidad e inclusión. Nada es tan bello como una segunda oportunidad, y nada es tan poético como unir los fragmentos para comenzar una nueva historia. El romance da un salto en generosidad e inclusión.

Pero existen hombres y mujeres que dan una segunda oportunidad incompleta. Desarrollan una pauta de cobranzas insoportables. Se vuelven hirientes usureros de la emoción, quieren saber los detalles de la traición: cómo se dio la seducción, cómo fue el beso, el sexo. Ese proceso crea una persecución y una humillación dolorosas, extrae cada gota de tranquilidad. Si esas personas practicaran la gestión de la emoción, se darían cuenta de que ser un usurero de los comportamientos de quien se ama es convertirse en un verdugo.

La traición es un caso extremo, pero, en el día a día de cientos de millones de parejas de todos los pueblos y culturas, hay innumerables miembros de parejas especialistas en cobrarse uno al otro. Son lentos en elogiar, pero rápidos en criticar; son pobres en promover al otro, pero ricos en disminuirlo. Todo usurero de la emoción tiene un bajo umbral a las frustraciones, no soporta la mínima contrariedad.

Quien cobra de más en la relación conyugal, aunque tenga buenas intenciones, está apto para trabajar en una empresa financiera, pero no para tener una historia de amor. Reciclar ese comportamiento destructor de la energía cerebral y comenzar a sorprender a la pareja con más elogios y menos críticas son los primeros pasos para reencender las llamas de un romance fallido.

También puede haber usura en la relación entre padres e hijos. Hay padres que se entregan a sus hijos, les pagan la escuela, les dan regalos, les organizan bellas fiestas de cumpleaños, enseñan su manual de ética, pero cobran caro por todo eso. Al mínimo error de los hijos, desatan una serie de críticas. No se saben relajar, ser lúdicos, tolerar lo trivial y reciclar lo esencial. En ciertos momentos son permisivos, no saben poner límites; en otros, son cobradores y explosivos diciendo, por ejemplo, que los hijos no reconocen todo su esfuerzo. Algunos padres se exceden y afirman que los hijos no los aman. Los usureros de la emoción tienen la tendencia a presionar mucho a sus seres amados.

En las empresas, también hay ejecutivos que son usureros implacables de la emoción. No dan el mínimo espacio para que sus colaboradores expresen sus opiniones, se adapten a nuevos procesos, se reinventen ante los tropiezos. Cada error es sobreexaltado, cada falla es sobredimensionada. Esos ejecutivos son estresadores y no libertadores de las habilidades de sus compañeros. Parecen dioses sentados en el trono de la empresa, usando el bolígrafo como cetro para despedir a quien desobedezca. Los usureros de la emoción se enferman a sí mismos, a los demás y a su institución.

Todo usurero de la emoción cobra los cambios de comportamiento, las actitudes, la manera de hablar, de realizar tareas, de comprender hechos de reaccionar a las dificultades. Quiere obligar a los demás a seguir su ritmo alucinante. No entiende que cada ser humano es un vehículo intelectual y que cada vehículo tiene sus particularidades. Recuerde lo que ya comenté: nada estresa tanto a una persona rápida como una persona lenta, y nada desgasta tanto a una persona lenta como una persona rápida.

Querer que un auto le siga el paso a un avión es un grave error. Pero no por eso el auto deja de ser útil. A veces es incluso más útil que una aeronave, pues puede llegar a lugares adonde ésta no puede. Es más barato emocionalmente aceptar las limitaciones y las características de las personas, y utilizarlas de la mejor forma posible.

Por ejemplo, muchos profesionistas podrían ser reposicionados en la empresa, en vez de ser despedidos por su ineficiencia. Es posible que un profesional tenga un buen desempeño en áreas en las cuales jamás imaginó brillar. Hay más misterios entre estimular y exigir, entre animar y castigar, de lo que imagina nuestra limitada ciencia de los recursos humanos.

Hay empresas que se vuelven una fuente del síndrome del *burnout* o agotamiento profesional, pues crean un ambiente desgastante y exigente, llevando a sus colaboradores a presentar altos índices GEEI. El asedio moral, las presiones intensas, las altísimas exigencias, las críticas excesivas y la sobrecarga de actividades son comportamientos típicos que fomentan el síndrome de *burnout*. Agotan el cerebro, generando depresión, ansiedad, despersonalización, negación de los problemas, fluctuación emocional. En una gran compañía, esos fenómenos estresantes pueden ocurrir sin que los directivos lo sepan. Mapear la salud de la empresa es fundamental.

Un ambiente de trabajo con altos índices GEEI destruye el placer de trabajar, bloquea la creatividad, merma la eficiencia, se convierte en una fábrica de ventanas *killer*, una industria de personas enfermas. Las exigencias desproporcionadas e intensas son secuestradoras no sólo de las habilidades socioprofesionales, sino también de la calidad de vida.

Pero si las exigencias estuvieran acompañadas de gestión de la emoción, entrenamiento del Yo, reciclaje y ánimo, promoverían esas habilidades. Bajo la óptica de la Teoría de la Inteligencia Multifocal, quien exige demasiado se convierte en un inspector de comportamientos, un líder asfixiante, y no liberador, de sus liderados. Es un ingeniero de ventanas *killer* en el cerebro ajeno. Saca a flote lo peor de los demás, cristaliza en ellos los defectos que detesta. El gran sueño de la gestión de la emoción es que las empresas sean crisoles de profesionistas que sepan las técnicas mínimas de gestión de la emoción para ser productivos, inventivos, proactivos, emocionalmente saludables e inteligentemente felices.

Autousureros de la emoción

De todas las formas de gastar inadecuadamente la energía emocional y los recursos cerebrales, ninguna es tan sutil y violenta como cobrarse mucho a sí mismo. Exigir a los demás es visible; exigirse a uno mismo es intangible. No importa si se es un empresario, ejecutivo, médico, juez o educador, la gran mayoría es su propio mayor depredador.

Quienes se exigen mucho a sí mismos son autotrangresores emocionales, cometen crímenes contra su calidad de vida, su equilibrio mental, su inventiva y su placer de vivir. Están entre los profesionistas más responsables del teatro social, pero no son responsables por preservar su propia salud mental. Son aplicadísimos en sus tareas, pero se castigan cuando se equivocan. Son éticos en sus comportamientos, pero no son éticos con su cerebro, lo agotan sin piedad. Toleran las tonterías y fallas ajenas, pero son implacables consigo mismos.

Al fin, su fatal dedicación asfixia su creatividad, su motivación y su capacidad de luchar por sus sueños. Esos individuos se ponen en un lugar indigno en su propia agenda: se exigen demasiado a sí mismos, se dan sin límites, se entregan sin control. Los que entran en ese territorio se olvidan de que son meros mortales que, en breve, irán a la soledad de una tumba. Parece que desean ser los más ricos del cementerio. Muchos sólo dejan de ser cobradores implacables de ellos mismos cuando se encuentran infartados en una cama de hospital.

Los autousureros de la emoción pueden ser excelentes para los demás, pero no para sí mismos. Provocan el *autoburnout*: debido a los altos índices de exigencia consigo mismos, son especialistas en echar combustible a su propio estrés profesional. Nadie necesita presionarlos intensamente ni cobrarles con metas altas: ellos mismos lo hacen y, así, experimentan un elevadísimo índice GEEI. Viven fatigados, estresados, ansiosos, con diversos síntomas psicosomáticos y, aun así, no distinguen que han sobrepasado los límites. Aman su profesión o a su empresa más que a su calidad de vida. Se olvidan de que si falla el cerebro, todo el resto se desmorona.

Los autousureros de la emoción necesitan disfrutar más a sus hijos, a su pareja, la compañía de los amigos, y gastar placenteramente el dinero que poseen o el éxito que alcanzaron. Sus desgastes de energía emocional sólo revelan que son ingenieros de ventanas *killer*, que transforman su vida en un espectáculo de estrés y, a veces, de terror, pero no de placer.

Los autousureros necesitan desarrollar las Técnicas de Gestión de la Emoción para financiar una felicidad verdaderamente inteligente, una salud emocional consistente y una sólida capacidad de emprender. De hecho, deben emprender la jornada más notable para reinventarse emocionalmente, es decir, aprender a aplaudirse, a jugar, a bailar, a cantar, a contar chistes, aunque nadie se ría. Deben rescatar sus sueños más importantes e invertir en ellos. Deben irse de vacaciones; si es posible, fragmentarlas en tres salidas de una semana o diez días por año, pues están tan viciados en trabajar que, después de ese periodo, ya no se soportan.

Quien se exige de más a sí mismo se convierte en un villano de su propio cerebro. Por lo tanto, es necesario que mapee sus fantasmas mentales, asuma su falibilidad y su fragilidad, tenga autoconsciencia, realice un automapeo, establezca metas claras para ahorrar energía cerebral, tener enfoque y disciplina para superarse y comprender que todas las elecciones implican pérdidas. Quien quiera tener lo esencial debe estar preparado para perder lo trivial. Sin esa praxis, o entrenamiento, este libro deja de ser una obra de aplicación científica.

Quien se exige de más a sí mismo debe destrabar su emoción, aliviar su cerebro, aprender a reírse de sus miedos, burlarse de sus actitudes estúpidas, renunciar a la condición de ser perfecto. Debe incluso superar la necesidad neurótica de evidencia social y la preocupación excesiva por lo que los demás piensan y hablan de él, liberándose de la mazmorra de la imagen social.

Sea gestor de su mente

Algunas consecuencias psicosociales de quien tiene un alto índice GEEI:

1. Bloqueo del pensamiento estratégico.
2. Disminución de la capacidad de negociación.
3. Dificultad para pensar a mediano y largo plazo.
4. Dificultad para pensar antes de reaccionar, incluso de elaborar un razonamiento complejo.
5. Contracción de la imaginación y la creatividad.
6. Facilidad para reclamar y dificultad para reinventarse y corregir el rumbo.
7. Bajo umbral para lidiar con frustraciones y contrariedades.
8. Desarrollo de ansiedad intensa y crónica.
9. Mayor probabilidad de sufrir ataques de pánico.
10. Desarrollo de síntomas psicosomáticos.
11. Aumento del riesgo de hipertensión arterial y de infarto.
12. Desarrollo de enfermedades autoinmunes.
13. Fatiga intensa al despertar y desánimo.
14. Mayor probabilidad de sufrir trastornos del sueño.
15. Dificultad para aceptar el ritmo y los límites de las personas.

Una persona que no es gestora de su mente es como un vehículo sin control, propenso a causar muchos accidentes. Hay personas que nunca chocaron al conducir sus vehículos, que son atentas y cuidadosas al volante, pero que, cuando son contrariadas, se vuelven irreconocibles: impulsivas, ansiosas, rígidas, pesimistas, desprovistas de autocontrol. Las personas así conducen en sentido contrario por la avenida de la emoción.

Es sorprendente cómo los ejecutivos y sus colaboradores atrincheran su cerebro cuando entran en una reunión de trabajo para discutir estrategias, procesos y metas. Ponen a cien mil millones de células en estado de alerta, como si estuvieran en guerra. Activan mecanismos estresantes para huir, luchar o esconderse. Su planeta cerebral no tiene sustentabilidad. Desperdician tanta energía en ese proceso que sobra poco espacio para desarrollar respuestas innovadoras, construir ideas impactantes, elaborar un razonamiento complejo.

Cuando las familias se reúnen para discutir sus conflictos, están totalmente fuera de preparación. Las conversaciones valoran más los errores que a la persona que se equivoca. Los padres, los hijos, los hermanos no saben perdonarse, apoyarse, abrazarse, besarse, encantarse. No saben abrir el circuito de la memoria de los demás. Su cerebro vive también en estado de alerta, y ya en los primeros minutos de la discusión todos pierden la capacidad de pensar antes de reaccionar y ponerse en el lugar del otro.

Lamentablemente, el ser humano es el mayor depredador de sí mismo, el más peligroso ladrón de su tranquilidad, el más penetrante verdugo de su cerebro, el mayor esclavizador de su emoción.

Es vital cambiar esa dinámica, transformarse en su mejor protector, en el amante más fuerte de su salud emocional, en el mayor incentivador de su potencial creativo, de su felicidad inteligente y de su calidad de vida.

Bajo el ángulo de la gestión de la emoción, incluso individuos buenos y bienintencionados pueden ser excelentes constructores de fantasmas mentales. De hecho, el desierto mental está lleno de personas con buenas intenciones.

Sin gestión de la emoción, los ricos caen en la miseria; los profesionistas competentes sabotean su eficiencia; los padres y maestros se convierten en educadores que forman repetidores de ideas, y no pensadores; los amantes destruyen sus más bellos romances; los jóvenes acaban con su futuro socioemocional. Sin gestionar la emoción, agotamos el cerebro irresponsablemente: el cielo y el infierno mental están muy próximos...

Bibliografía

ADORNO, T. *Educação e emancipação*. Río de Janeiro: Paz e Terra, 1971.

CHAUÍ, Marilena. *Convite à filosofia*. São Paulo: Ática, 2000.

COSTA, Newton C. A. *Ensaios sobre os fundamentos da lógica*. São Paulo: Edusp, 1975.

CURY, Augusto. *Inteligência multifocal*. São Paulo: Cultrix, 1999.

_____. *Armadilhas da mente*. Río de Janeiro: Sextante, 2013.

_____. *O código da inteligência*. Río de Janeiro: Ediouro, 2009.

_____. *A fascinante construção do Eu*. São Paulo: Academia, 2011.

_____. *Pais brilhantes, professores fascinantes*. Río de Janeiro: Sextante, 2003.

_____. *Ansiedade: Como enfrentar o mal do século*. São Paulo: Saraiva, 2013.

DUARTE, A. "A dimensão política da filosofia kantiana segundo Hannah Arendt". En: Arendt, H. *Lições sobre a filosofia política de Kant*. Río de Janeiro: Relume Dumará, 1993.

Descartes, René. *O discurso do método*. Brasilia: Editora da Universidade de Brasília, 1981.

Feuerstein, R. *Instrumental enrichement: An intervention program for cognitive modificability*. Baltimore: University Park Press, 1980.

Foucault, Michel. *A doença e a existência*. Río de Janeiro: Folha Carioca, 1998.

Frankl, V. E. *A questão do sentido em psicoterapia*. Campinas: Papirus, 1990.

Freire, Paulo. *Pedagogia dos sonhos possíveis*. São Paulo: Unesp, 2005

Freud, Sigmund. *Obras completas*. Madrid: Editorial Biblioteca Nueva, 1972.

Fromm, Erich. *Análise do homem*. Río de Janeiro: Zahar, 1960.

Gardner, H. *Inteligências múltiplas: a teoria e a prática*. Porto Alegre: Artes Médicas, 1994.

Goleman, Daniel. *Inteligência emocional*. Río de Janeiro: Objetiva, 1995.

Hall, Lindzey. *Teorias da personalidade*. São Paulo: EPU, 1973.

Husserl, L. E. *La filosofía como ciencia estricta*. Buenos Aires: Editorial Nova, 1980.

Jung, Carl Gustav. *O desenvolvimento da personalidade*. Petrópolis: Vozes, 1961.

Kaplan, Harold I., Sadoch Benjamin, J., Grebb Jack, A. *Compêndio de psiquiatria: Ciência do comportamento e psiquiatria clínica*. Porto Alegre: Artes Médicas, 1997.

Kierkegaard, Søren Aabye. *Diário de um sedutor*. Coleção Os Pensadores. São Paulo: Abril, 1989.

LIPMAN, Matthew. *O pensar na educação*. Petrópolis: Vozes, 1995.

MASTEN, A. S. "Ordinary magic: resilience processes in development", *American Psychologist*, 56 (3), 2001.

MORIN, Edgar. *Os sete saberes necessários à educação do futuro* (Informe elaborado a petición de la Unesco). São Paulo: Cortez/Unesco, 2000.

MUCHAIL, Salma T. "Heidegger e os pré-Socráticos". En: Martins, Joel; Dichtchekenian, Maria Fernanda S. F. Beirão (eds.). *Temas fundamentais de fenomenologia*. São Paulo: Moraes, 1984.

NACHMANOVITCH, Stephen. *Ser criativo: O poder da improvisação na vida e na arte*. São Paulo: Summus, 1993.

PIAGET, Jean. *Biologia e conhecimento*. 2ª ed. Petrópolis: Vozes, 1996.

SARTRE, Jean-Paul. *O ser e o nada: Ensaio de antologia*. Petrópolis: Vozes, 1997.

STEINER, Claude. *Educação emocional*. 2ª ed. Río de Janeiro: Objetiva, 1997.

PINKER, Steven. *Cómo funciona la mente*. Buenos Aires: Planeta, 2001.

YUNES, M. A. M.; Szymanski, H. "Resiliência: noção, conceitos afins e considerações críticas". En: Tavares J. (ed.) *Resiliência e educação*. São Paulo: Cortez, 2001.

La Escuela de la Inteligencia

*I*magine una escuela que enseña no sólo el idioma a los niños y adolescentes, sino también el debate de ideas, la capacidad de ponerse en el lugar del otro y de pensar antes de reaccionar para desarrollar relaciones saludables. Una escuela que no sólo enseña las matemáticas numéricas, sino también las matemáticas de la emoción, donde dividir es sumar, y también enseña la resiliencia: la capacidad de trabajar las pérdidas y frustraciones. Siga imaginando una escuela que enseña a gestionar los pensamientos y a proteger la emoción para prevenir trastornos mentales. Piense incluso en una escuela donde educar es formar pensadores creativos, atrevidos, altruistas y tolerantes, y no repetidores de información.

Parece rarísima, en el teatro de las naciones, una escuela que enseñe esas funciones más complejas de la inteligencia, pero ahora existe un programa llamado Escuela de la Inteligencia (E.I.), que entra en el grado curricular, con una clase a la semana y un suculento material didáctico, para ayudar a la escuela de su hijo a transformarse en ese tipo de escuela.

El doctor Augusto Cury es el autor de la idea del programa Escuela de la Inteligencia. Se nos salen las lágrimas al ver los resultados en más de cien mil alumnos. Hay decenas de países interesados en aplicarlo. El doctor Cury renunció a sus derechos autorales del programa E.I. en Brasil a fin de que éste sea accesible para las escuelas públicas y privadas y que haya recursos para ofrecerlo gratuitamente a jóvenes en situación de riesgo, como los que viven en orfanatos. Converse con el director de la escuela de su hijo para conocer y adoptar el programa E.I. El futuro emocional de su hijo es fundamental.

Para obtener más información y conocer las escuelas participantes en el E.I. más cercanas a usted, visite: www. escoladainteligencia.com.br o llame al (16) 3602-9420.

Academia de Gestión de la Emoción

La producción de conocimiento del doctor Augusto Cury y sus decisiones no sólo han impactado a lectores de muchos países, sino también han sido un asunto tratado por los grandes medios. Su proyecto más nuevo, que ha estado desarrollándose en los últimos diez años, es la Academia de Gestión de la Emoción en línea. Se trata de la primera academia de gestión de la emoción del planeta; una escuela digital con programas gratuitos y proyectos sociales fascinantes, enfocados en la prevención del *bullying*, del suicidio y en el fin de la dictadura de la belleza.

La academia ofrece también cursos y seminarios de Coaching de Gestión de la Emoción. ¡En ese proyecto, usted aprenderá las herramientas más importantes para gestionar su mente, superar sus cárceles mentales y ser el autor de su propia historia!

Para conocer más ese proyecto, visite:

www.omelhoranodasuahistoria.com.br
#Augustocury #omelhoranodasuahistoria
#academiadegestaodaemocao
#4semanasparamudarasuahistoria

Esta obra se imprimió y encuadernó
en el mes de octubre de 2022,
en los talleres de Impregráfica Digital, S.A. de C.V.,
Av. Coyoacán 100-D, Col. Del Valle Norte,
C.P. 03103, Benito Juárez, Ciudad de México.